1966年6月29日羽田空港。
法被姿でタラップを下りる
ビートルズ（共同通信社）

『ビートルズ原論』
――ロックンロールからロックへ

はじめに

ビートルズが駆け抜けた1960年代は、社会的にも大きな変革が訪れた時期であり、ビートルズ自身も時代性と深くかかわりをもった存在である。ビートルズはロックンロールからロック文化を誕生せしめ、改革し定着させた。本書執筆の動機は、彼らが引き起こしたパラダイム・シフトを検証することが、ロックという文化を、さらにはビートルズ文化という現象の本質を解明する重要なポイントとなるはずという思いである。

＊

1950年代半ばにロックンロールとして誕生したロック・ミュージックは、1960年代にビートルズの手を経たことでその骨子や性質のほぼすべてが形成され、それ以降基本的に大きく変容することなく現在にいたっている。

誕生間もない頃のロックンロールは、端的に言えばバックビートを効かせた8ビートが基本の、単純なポップ・ミュージックであった。しかし、1960年代にビートルズを経たことで、大きくその容姿を変容させた。すなわち、ストリングスを入れた大バラードを歌っても、変拍子の複雑なリズムを演奏しても、果ては現代音楽的要素であるミュージック・コンクレートまで取り込んだものでさえ、ロック・アーティストが奏でるかぎり、それらすべてがロックというカテゴリーに吸収されるほど、広大な裾野をもつ音楽ジャンルとなったのである。

その事実が証明しているのは、ロックという概念がすでに精神性にまで及んでいるということである。その一つの証左として、ファッションや思想に「ロック的」と呼ばれる言葉さえ使用されるにいたり、ロックの共通イメージが多くの人々の間に根づいているという事実が挙げられる。換言すればロックという言葉は、単なる音楽ジャンルに留まらず、すでに一種の文化となっていたのだ。そしてさらに驚くべきことに、このロック文化を創造し構築するという偉業の根本部分のほぼすべてが、ビートルズという4人のミュージシャンの集合体によって成し遂げられているのである。これはまさに偉業というべき事実である。

こうしたビートルズの偉業に関しては、さまざまな関連書籍、音楽誌、さらに学術書にまで及ぶ多くの出版物が刊行され、その神話を彩ってきた。しかしどれだけ多くの紙面を費やして彼らの偉業を褒めそやしたとしても、私には拭いきれない疑問があった。「何故ビートルズだったのだろう」と。

ビートルズ――彼らは途轍《とてつ》もなく大きな影響力をもったグループであったため、その実体を掴みきれていない研究書が何と多いことか。

音楽的にみて、ビートルズは前述の通り、黒人によるダンス・ミュージックに過ぎなかったロックンロールを、より可能性を広げてただたんに「ロック」と呼ばれるジャンルにまで昇華させたグループである。ミュージック・ビジネス面でも、それまでは巡業などの興行で利益を上げていたのが、その膨大なレコードの売り上げ高により印税収入を主とするミュージック・ビジネスのスタイルを構築した。さらにはレコード会社に断然偏っていた力関係を逆転し、アーティスト側に寄せ、ついには自分たちのレコード会社「アップル」を設立した。またファッション面ではロングヘアを定着させ、サイケデリック・ファッションを世に出している。要するに60年代を通じて社会の一部を変革させたのだ。

「時代」のなせる業であったと人は言うかもしれない。しかし、その「時代」とはいったい何だったのか。誰もが思う、この大きな疑問点を解き明かしたい。その役割を担ったのが、何故ビートルズだったのか。「時代」と呼ばれるものの本質はいったい何だったのか。ビートルズという現象（あるいは文化と言うべきかもしれないが）、それはもはやロックというカテゴリーだけで語られるには、その現象と影響力が大き過ぎるのかもしれない。こうしたさまざまなジャンル単独で語るには、まず文化の集合体としてのビートルズ現象を説明することが不可欠なのだ。彼らの本質を掴むためには、多方面の検証による包括的な評価が必要である。そのうえで本当に重要な事柄を抽出することで、その本質がみえてくるはずである。

ビートルズが走り抜けた１９６０年代こそが、ロック文化の分岐点である。同時に１９６０年代は、社会情勢にとっても大きな分岐点となっていた。その１９６０年代を検証しようとするとき、それ以前とそれ以後の検証は不可欠である。何故ならば「現在」は「過去」の積み重ねのうえに成り立っているもの。つまり1960年代という時代に引き起こされたビートルズ現象を解明するためには、ビートルズ誕生の必然性を導いた過去の社会情勢に目を向け、さらにビートルズ以後の出来事の理由を1960年代に求めることが必要なのである。

＊

本書の1章では、ビートルズを生み出したロックンロールとその時代を検証しつつ、何故ビートルズが強大なパワーをもつ存在と成りえたかという命題を解き明かすため、そのパワーの源泉となったベビーブーマーの台頭、新しいメディアとの関係をも絡めて検証する。

その検証作業をするうえで重要となってくるのが、歴史的検証と評価、すなわち過去のどのような要素のうえにビートルズが形作られたか、そして彼らがそのうえに何を構築し、それが何故多くの人々の賞賛を得られたのか。これらを音楽的な見地からのみならず、社会的見地から検証することで、その時代がみえてくるだろう。

さらに2章では、何故ビートルズが短期間に絶大な人気を勝ちえたのか、現象を追いつつ、その要因を探る。

また3章では、ビートルズに起こった変革の時期、特にサイケデリックの波が彼らをどのように変え、それが社会にどう影響を与えたかを検証する。

そして4章では、世界的規模でみても社会制度や文化の大分岐点となった1968年、ビートルズにとっても大きな岐路に立たされた訳だが、社会情勢の変化とビートルズ自身の変容を検証してみよう。

この「ビートルズの時代」の解明作業への旅に、皆さんもご同道いただければ幸いである。

目次

1章　ビートルズを誕生させた時代背景

THE BEATLES

ジョン・レノンがビートルズの前身バンド、クォーリーメンを結成した最大の理由は、ロックンロールというシンプルな音楽を演奏するためだった。すなわちロックンロールが生まれていなければ、ビートルズは誕生しなかったのだ。イギリスの辺境であるリヴァプールに生まれ育った彼らでさえ惹きつけられたロックンロールが、アメリカのポピュラー・ミュージックのなかで、どのように生成され、どのような過程を経てビートルズを誕生せしめたか、まずはここから検証を始めよう。

1　ビートルズ以前の米国ポピュラー・ミュージック・シーン

20世紀のポピュラー・ミュージックを牽引したのはアメリカ・マーケットだった。そして、ジョン、ポール、ジョージ、リンゴに大きな影響を与え、やがてビートルズを生み出したのも、このアメリカのポピュラー・ミュージック・シーンであった。

アメリカが現在のポピュラー・ミュージックを形成するまでには、100年を越える時の流れを必要とした。ここではまず、そのポピュラー・ミュージックの流れを追いつつ、それがどのようにロックンロールを生み出し、その影響下でさらに次世代のロックンローラーがどのように生まれ、ついにはビートルズを生み出すにいたるのか、検証してみたいと思う。

周知の通りアメリカは移民によって形成された国である。ヨーロッパ各国から移住した人々、加えて農奴としてアフリカから強制的に移住させられた黒人たち等、さまざまな人種、民族がるつぼと化してカオスを生み出していた。

やがてそのカオスのなかから一定の秩序が生成され、アメリカという国家の方向性が確立されると、各民族が保持していた音楽も混血し、新たな血脈を生み出していく。それらがやがて現在のポピュラー・ミュージックの源流となっていった。それらの新しい音楽の息吹は、20世紀の新しいメディアにより、急速に伝播されていったのだ。

[1] ポピュラー・ミュージックの源流としての黒人音楽

ブルースの起源

現在大雑把に「ロック」と呼ばれている音楽のルーツに当たるものは、奴隷としてアフリカから連れてこられた黒人たちが生み出したブルースである。もちろん「ロック」という実体の掴み難い音楽は、その成り立ちから言って、他に類をみないほど非常に柔軟性のあるジャンルであり、さまざまなジャンルの音楽がそのエレメンツとなっている訳だが、その最もプリミティヴなルーツがブルースであることには誰も異論は挟めないことだろう。

ここではまず、そのブルースがいかにして誕生したかを検証してみよう。この検証を通じて、ブルースの発展がのちのロックの形成にいかに影響を与えていたかを示すことができるだろう。

ブルースの起源については諸説あるが、最も有力な説はアフリカ起源のワークソングだというものであろう。黒人たちが農奴として労働作業中に、自然発生的に生まれてきたのがこのワークソングであった。

それが現在のブルースの原型にまで発展する触媒となったのが西洋楽器の存在だった。当時のワークソングは、アフリカ起源の音階を発展させたものであったと考えられるが、西洋音楽のように1オクターブを12音に割り当てるという発想はなかった。ましてや、和音の概念さえなかったのだ。これは、日本を含むアジアの国々すべての古典音楽に当てはまることで、実際にインドの古典音楽では、西洋の12音階には当てはまらない音程を使う場合もあった。その名残りとして、インドの代表的な弦楽器であるシタールには、簡単にピッチ調整が可能な可動式フレットが採用されているのである。そしてこの事象はアフリカでも同様だった。すでに12音階が世界標準となっている現在では、非常に理解し難いことではあるが、メディアの発達以前の時代、西洋文化以外の地域においては、12音階に当てはまらない音階の方が標準であったのだ。

すなわち、西洋音楽の和音の概念を表現する西洋楽器、とりわけギターという楽器で、和音の概念のないアフリカ起源のワークソングを演奏表現しようとしたとき、この異なったルーツをもつ音楽体系同士のミクスチャーによって発生したのがブルースだった。

ケルト音楽からの影響

ここでもう一つ重要なファクターが存在する。ケルト・ミュージックとの相関関係である。重要なポイントでケルト音楽がブルースに影響を与えたと考えられているのだ。音階とリズムにおいてケルト・ミュージックとブルースに共通点が発見されているのである。

通常知られているケルト音階は、4度と7度を抜いた音階であるが、ウェールズ地方に残る民謡の一部には、ブルースとほぼ一緒のドリアン・スケール（3度と7度がフラット）が使われているものも存在する。しかも完全な半音落ちではなく、通常4分の1音のフラットである（このクォーター・トーンに関しては次項にて追加説明する）。

さらにもう一つ、ブルースで使用される8分の6拍子や8分の12拍子などは、ケルト音楽では必須のものであった。ケルト音楽はダンスの要素としても重要であり、ダンスによく使われるものが前出のリズムであった。

同様にアメリカのカントリー・ミュージックは、ケルト・ミュージックがその源流であることが知られているため、それを介してのブルースへの影響も少なからずあったことも考えられる。

これらの共通点から、ケルト音楽もブルース生成の重要な要素の一つであると考えられる。

西洋音楽とのミクスチャー

西洋音楽、とりわけケルト音楽とアフリカ起源のワークソングのミクスチャーがブルースであることから、ブルース特有の性質が生み出され、それがのちのロックに受け継がれることになる。

最も特徴的なものが、長調とも単調とも判別し難いブルース独特の音階である。もともと和音の概念も12音階の概念もないアフリカ起源の音楽を表現するために、独自のギター奏法が生まれた。それがチョーキングとも呼ばれるベンド奏法である。ギター弦を指で押し上げることにより音程を変化させる奏法だが、この奏法を使えば西洋音階にない音程のクォーター・トーン（半音のまた半分）なども容易に表現できるため、ワークソングから引き継いだ独特な音程まで再現できるようになったのだ。

同様にブルース・ギター奏者のなかから生まれたのが、スライド・ギター奏法である。これは弦を指で押さえる代わりに、ガラスの薬ビンなどを指にはめて、弦のうえを滑らせて弾く奏法だが、この奏法でもフレットに関係なく、12音階以外の音も出すことができる。のちにこれらのギター奏法は、そのままロックの重要な構成要素となっていくことになる。

もう一つ、現代のロックにとって非常に重要な要素をブルースが生み出している。それがオーバードライブ・サウンドである。時代はもう少しあとの話となるが、アフリカ系のブルース・ミュージシャンたちで裕福な生活をしていた者はおそらく皆無だっただろう。アコースティック・ギターを何とかエレクトリック・ギターに持ち替えたとしても、高額な大型のアンプは買えなかった。そのなかで小型の真空管アンプを入手し、それをフルアップにして弾いたとき、そこに発生するのがアンプのオーバーロードである。本来美しいサウンドを出すはずのアンプが、歪みを発生させたのだ。こうしてギター・サウンドにオーバードライブの概念を持ち込み、のちにエリック・クラプトンをはじめとしたイギリスの白人ブルース・ミュージシャンたちが黒人たちのこのディストーション・サウンドをパワーアップさせ、彼らイギリスのミュージシャンからアメリカの白人ミュージシャンに伝えられたのが、このオーバードライブ・サウンドである。現在のロックは、これなしに語ることはできない。が、これはもう少しあとの話。

１９４０年代から50年代初頭のこの時点において、ブルースは黒人の音楽であり、ポピユラー・ミュージックの潮流のなかには未だ辿《たど》り着いていない。

ブルースからロックンロールへ

ブルースの発展段階において、リズムをともなう音楽の要素を取り入れることで、ブルースはさらに新たなジャンルに分化していった。

ミシシッピ周辺のデルタ地帯で独自の発展を遂げてきた、いわゆるフォーク・ブルースが北上し、アコースティック・ギターがエレクトリック・ギターに持ち替えられると、ドラムスなどのリズム楽器に対抗できる音量を得られたことで、シカゴ・ブルースなどのバンド形態のモダン・ブルースが形成されていった。強力なリズム・セクションと結びついたブルースは、やがてリズム・アンド・ブルースと呼ばれる新たなジャンルを生み出すにいたる。

１９５０年代初頭において、ブルースもリズム・アンド・ブルースもアメリカの黒人のための音楽ジャンルであり、白人が聴く音楽ではなかった。１９５５年、チャック・ベリーがデビューするが、その時点でさえ彼の音楽はロックンロールとしてではなく、一般的にはリズム・アンド・ブルースとして分類されていたのである。ロックンロールという言葉が広く認知されるにいたったのは、白人がリズム・アンド・ブルースを歌ったときだった。

世界初のロックンロールと言われるのが、１９５４年にリリースされたビル・ヘイリー&ヒズ・コメッツの「Rock Around the Clock」である。リリースから1年以上経ってからこの曲がヒットしたのは、映画『暴力教室』に使われたことによる影響が大きかったのだが、白人グループによって歌われたリズム・アンド・ブルース・スタイルの曲であるにもかかわらず、ロックンロールというジャンルで広く呼ばれるようになったのは、まさにこの曲からだったのだ。この映画は1955年にイギリスでも公開され、若者の間に一大センセーションを巻き起こし、若きジョン・レノン、ポール・マッカートニー、ジョージ・ハリスン、リンゴ・スターにも大きな影響を与えることになる。

②白人の音楽ジャンルとしてのロックンロールの成立と衰退

ジャンルとしてのロックンロールの定着

1954年に産声を上げたロックンロール。しかし当初のロックンロールは、黒人のリズム・アンド・ブルースの範疇《はんちゅう》から外れるものではなかった。その音楽形態を白人が模倣して演奏した時点でロックンロールが完成をみたと言えるだろう。

ロックンロールという言葉を生み出したのは、ラジオのDJとして人気のあったアラン・フリードだった。この時期にロックンロールとリズム・アンド・ブルースの明確な相違点はなく、当初フリードは黒人のリズム・アンド・ブルースにもロックンロールという言葉を使っていた。

「ロックンロール」という言葉を白人の奏でるリズム・アンド・ブルースに当てて使用

したのは、レコード会社であり、それに準じたラジオなどのメディアだった。すなわち白人をターゲットとした販売戦略の一環としてこの言葉が使用された訳だが、これは見事に的を射ていたことになる。

ビル・ヘイリー&ヒズ・コメッツが「Rock Around the Clock」を大ヒットさせ、ロックンロールの存在を広く認知せしめたことで、道が開けたのだった。そして満を持してキングがデビューする。エルヴィス・プレスリーである。

エルヴィス・プレスリー登場

エルヴィス・プレスリーの登場は、ロックンロールの人気を決定づけた。彼の甘いマスク、甘い声音で激しく腰を振りながら歌うそのスタイルが、ロックンロールの方向性をも決定づけた。もともとは「ロック」も「ロール」も性行為を表す隠語だったのだ。

エルヴィスは貧しいイタリア移民の家に生まれた。すなわち、彼は労働者階級の出身だったが、このことがロックンローラーを目指す後進たち、特にイギリスの労働者階級の子供たちに大きな指針となった。ジョン、ポール、ジョージ、リンゴも彼の影響下にあったことは間違いない。というのも、たとえばジョン・レノンの場合、ビートルズ解散後も労働者階級であることにこだわっていた。これは彼にとって、ロックンローラーとしての基本条件だったと考えられる。エルヴィスと同様に労働者階級出身でなければならなかったのだ。中産階級の家に育った彼が「Working Class Hero」と歌ったのもそれが理由で、

エルヴィスとエド・サリヴァン

それほどにエルヴィスの影響力は強大だったのである。

ロックンロールはエルヴィスの活躍によって、レコード・マーケットの主たる購買層である白人をターゲットとした音楽ジャンルの一つとして認識されたのである。

しかしながら、まだこの時点でロックンロールは、基本的には12小節のブルース形式を踏襲しつつ、8ビートでバックビートを強調したリズムを加えたもの、すなわち黒人のリズム・アンド・ブルースの亜流から外れるものではなかった。

ロックンロール全盛期の到来

エルヴィスの活躍は目覚ましく、甘いルックスと甘い声で歌われるロックンロールは、1950年代後半の白人ティーンエイジャーを瞬く間に魅了していった。アメリカのポピュラー・ミュージックの影響力は絶大で、はるかな日本においてもにわかにロカビリーという一大ブームを巻き起こしている。

前述の通り、イギリスでもその影響は日本以上で、ちょうど戦時下に生まれたビートルズのメンバーと同世代のティーンエイジャーたちをたちまち虜にした。もちろんそのなかには10代のジョン、ポール、ジョージ、リンゴもいたのである。イギリスの労働者階級のティーンエイジャーたちは、エルヴィスに夢中になったのだが、アメリカにおいて白人をターゲットにしたロックンロールのルーツがどこにあるか、敏感に嗅ぎ取った彼らは、やがて黒人のリズム・アンド・ブルースまで同列の音楽として聴き始める。その詳細は次章にて言及しよう。

アメリカにおいて、エルヴィス・プレスリーの登場は各レコード会社に大きな衝撃を与え、次代のエルヴィスを求めて各社が競うように新しいロックンローラー探しに奔走し、彼らのレコードを次々とリリースし始める。それがジェリー・リー・ルイス、バディ・ホリー、ジーン・ヴィンセント、エディ・コクラン、カール・パーキンス、ジーン・ピットニー等のロックンローラーたちであった。彼らの活躍により、レコード産業は活気づき、そのターゲットとなる年齢も10代半ばまで一気に引き下げられたのである。

エレクトリック楽器の発明によるロックンロールの飛躍的進化

１９５０年代には、ロックンロール発展を促す重要な要素の進化が顕著であったことを忘れてはいけない。それはロックを演奏するための楽器の進化である。ギター、そしてベースが本格的にエレクトリック化したのもこの時期であった。

それまでのギターは、あくまでもアコースティック・ギターにマイクを付けたものであったのだが、その構造のまま大音量を出した場合には、つねにハウリングとの戦いが待っていた。すなわちボディ内部の空洞で音を共鳴させて音量を稼ぐというギターの構造そのものが、エレクトリック化の障害となっていたのである。同様にアップライトで演奏するウッド・ベースも、音量の出ないことが大きな問題だった。

ショー・ビジネスの拡大とともに、大きな会場での演奏のためにアンプの出力が大きくなっていくと、ギター、ベースの音量の問題はさらに大きくなっていった。そんなときにカリフォルニア州郊外のフラートンに工場を構えてアンプを製造していたレオ・フェンダーは、ミュージシャンたちの希望によって作った高出力のアンプに対応可能なエレクトリック・ギターの開発を始めていた。

1950年、レオ・フェンダーが世界初の、量産可能なソリッド・タイプのエレクトリック・ギターを世に出した。のちのフェンダー・テレキャスターである。そしてその翌年にレオは、世界初のエレクトリック・ベース、フェンダー・プレシジョン・ベースを生み出している。これによりミュージシャンたちは初めてハウリングに悩まされることなく、大音量での演奏が可能となったのだ。

ロックの歴史を振り返るとき、レオ・フェンダーによるこの発明は、非常に大きな貢献であったと認識すべき重要なポイントである。彼の発明がなければ、現在のロック・シーンはおそらくなかっただろう。だからこそ、その功績によりレオ・フェンダーはロックの殿堂入りを果たしているのだ。

ロックンロールの衰退

しかし実際にはロックンロールの大きな波も長くは続かなかった。ロックンロールにとって不幸な事件が、次々と巻き起こったのだ。まず最大のスターであるエルヴィスが徴兵により軍隊へ入隊し不在となり、さらに次世代ロックンロール・スターと目されていたバディ・ホリー、リッチー・ヴァレンス、エディ・コクランなどの相次ぐ事故死、さらにはジェリー・リー・ルイスなどのロックンローラーたちの相次ぐスキャンダル等により、1960年代初頭には一気に精彩を欠き始めたのだった。

せっかくターゲットとして成長し始めた若いレコード・リスナーたちを繋ぎ止めるため、レコード会社では新たにスターを作り出さねばならなかった。そのため、レコード会社が新しいトレンドとして送り出した戦略は、アイドル歌手によるソフトなアメリカン・ポップであった。これは自然発生的に誕生したロックンローラーとは異なり、完璧にレコード会社主導によってマーケットに送り出されたものであった。

これによりポピュラー・ミュージック・ビジネスのターゲットはさらに低年齢化し、ローティーンがメイン・ターゲットに躍り出る結果をもたらすことになる。そして安価なポータブル・レコード・プレーヤーの普及が、ポピュラー・ミュージック・リスナーのローティーン化をさらに促進したのであった。

これがまさにビートルズ登場前夜の1962年末当時のアメリカのポピュラー・ミュージック・シーンの概観である。エルヴィスというビッグ・スターを失い、ロックンロールのパワーをもたない作り物のスターしかいなかったこの当時のアメリカのポピュラー・ミュージックの状況は、まさにビートルズのインパクトを際立たせるには十分過ぎるほどの環境が整いつつあったのだ。そしてビートルズのアメリカ・デビュー時には、神懸かっているとしか言いようのない絶好の条件がさらに整うのだが、それは後章にて。

2　ビートルズ以前の英国ポピュラー・ミュージックとその背景

一方、目を転じてイギリスのポピュラー・ミュージック・シーンはどうだったのか。ビートルズを生み出す下地は、どのように形成されていったのだろうか。

イギリス国内におけるポピュラー・ミュージックの発展は、第二次世界大戦が大きな契機となっていた。駐留米軍兵士を媒介としてアメリカ文化がヨーロッパ世界に伝えられていたのだ。その結果、ジャズをはじめとしたポピュラー・ミュージックが大きな影響力を顕示するにいたっていた。特に同じ英語圏であるイギリスには多大な影響を及ぼしている。しかし同時にイギリスにおいては、アメリカがルーツの音楽文化が、母国とはまったく異なる背景のうえに独自の発展を見せ始めていた。それがやがて、ビートルズをはじめとする「ブリティッシュ・ロック」と呼ばれる独自のポピュラー・ミュージック文化を生み出していくことになるのだ。

1　米国の影響による英国的ロックンロールの芽生え

スキッフルの誕生

19世紀に国家の最盛期を迎えたイギリスだったが、2つの世界大戦を通じて海外の自治領の支配権をほとんど失い、第二次世界大戦後には一時的に迎えた好景気も10年ほどで終わりを告げ、軍事的にも経済的にも事実上アメリカに依存せねばならない衰退期を迎えていた。

そして、第二次世界大戦後のイギリスのポピュラー・ミュージックも、経済と同様にアメリカの影響を色濃く受けていた。それは、大戦後の駐留米軍兵士が持ち込んだジャズのブームに始まっている。続いて上陸したのがリズム・アンド・ブルースやロックンロールであった。このアメリカ音楽の影響を受けて、１９５０年代半ばに若者の間に流行し始めたのが、スキッフルと呼ばれるイギリス独自のポピュラー・ミュージック文化だった。

１９５５年、アメリカ映画『暴力教室』がイギリスでも公開され、主題歌のビル・ヘイリー&ザ・コメッツの「Rock Around the Clock」が大ヒットし、さらにエルヴィス・プレスリーが華々しく登場したことで、イギリスでもロックンロール熱は一気に燃え上がった。そんななか、１９５６年にロニー・ドネガンが「Rock Island Line」を大ヒットさせたことが、イギリスでの特異なポップ・ミュージックの発達を促した。それがスキッフルである。スキッフルは、20世紀初頭にアメリカで流行したジャグ・バンドの形態を模倣し、ロックンロールやリズム・アンド・ブルースを演奏するものだった。

スキッフルは一気にイギリス全土に広まっている。何故イギリスではこのような文化が独自に発達したのだろうか。そこにはイギリス独自の事情があった。

労働者階級に普及したスキッフル

ロックンロールを演奏するための機材を揃えるには、大きな金銭的負担をともなったのだが、スキッフルの場合、ギター以外は洗濯板を使ったパーカッション、茶箱や洗濯桶とモップで作ったベースなど、身の周りにある日用品でバンドを編成できることが最大の魅力だった。

イギリスにおいて、ポピュラー・ミュージックのリスナーの大多数は、圧倒的な人口を占める労働者階級だったが、彼らが音楽を志しても、経済的な問題から楽器を揃えることも一苦労だった。しかしスキッフルの場合、楽器らしい楽器はギターさえあれば、誰でもバンドが結成できるという画期的なものだったのだ。事実この時期に多くのバンドが誕生しており、そのなかの一つがクォーリーメン、のちのビートルズだったという訳である。このスキッフルのブームが、のちのイギリスのロックンロール／リズム・アンド・ブルース・バンドの隆盛期を形成するための礎石となったことは間違いない。

新しいメディアによるブームの拡散

スキッフルのブームを一挙に拡散させた最も大きな要素が、新しいメディアであるテレビであった。1957年にBBCが放送を開始した音楽番組『SIX-FIVE SPECIAL』により、スキッフルが一度に全国に知れ渡ったのである。この番組に関しては「1章／4／新たなメディアの誕生〜」にて詳述するが、このテレビ放送によって影響を受けたのは、戦中生まれの10代半ばの世代、まさにビートルズと同世代の少年たちだった。

日本においても1989年から1990年代初頭にかけて放送されたテレビ番組『イカすバンド天国』により、にわかにバンド・ブームが到来して、多くのバンドが輩出された例があるが、同様の事象が1950年代後半のイギリスにおいて起きていたのである。この番組をみたことが契機となって、イギリスではバンドを組む若者が急増している。前述の通りスキッフルの場合、簡単にバンドが組める編成だったために、労働者階級の若者を中心にスキッフル・バンドが急速に広まっていったのである。

[2] 英国ポピュラー・ミュージック・ビジネスの発展にみる米国の影響

米国依存の英国ポピュラー・ミュージック事情

スキッフルの成功により、盛り上がりを見せ始めたロックンロール熱をビッグ・ビジネス化するため、新たなロックンロール・スターがイギリス国内にも必要であった。こうして見出されたのが、クリフ・リチャードに代表されるポップ・スターたちだった。何故イギリス国内にスターが必要だったのか。それは次のような理由があったからに他ならない。

先に述べた通り、イギリスのポピュラー・ミュージックは、アメリカの成功例をビジネス・モデルとして模倣されたものである。しかも、この時期のポピュラー・ミュージック・ビジネスは、レコード販売ではなく、あくまでも興行を主眼に置いていた。そのために、イギリス国内で良好なレコード・セールスとともに興行を打てるアーティストが必要だったのだ。

これがまさにアメリカのミュージック・ビジネスを模した、一般的なイギリス流のビジネス・モデルだったのだ。アーティスト売り出しの戦略も、アメリカの手法を模倣していた。たとえば、エルヴィス路線のフォロワーの位置を確保すべくクリフ・リチャードを売り出すが、その一方で、アメリカにおいてロックンロールが下火になり、ソフトなアイドル路線が主流になれば、クリフもアイドル・ポップ路線にシフト・チェンジするといった手法など、まさにアメリカのティーンエイジャー向けの戦略の模倣であったのだ。これらはすべて、英国の音楽業界がアメリカのそれを、最良のビジネス・モデルとして模倣していたことを証明している。

しかし、「アメリカの模倣」の件に関しては旧制度の弊害とばかり言えない側面をもっていた。それは、米国のビジネス手法に倣ってわかりやすくアイドルを前面に押し出す方法論を取り入れたことにより、ローティーンにポップ・ミュージックへの興味を喚起させる、絶好の機会を作ったことだ。これによって、ポピュラー・ミュージック・ファンの低年齢化が促進され、その裾野は間違いなく広がっていった。

ロンドン至上主義の英国ポピュラー・ミュージック

1950年代後半から1960年代初頭のイギリスのポピュラー・ミュージック・ビジ

ネスはあくまでもロンドンが中心地であった。ビートルズがデビューする前後、彼らに対して「リヴァプールくんだりで何が取れるって言うんだ」という言葉が浴びせられたというが、まさにその言葉が当時のイギリスにおけるロンドン至上主義の状況を物語っている。これにはイギリス独自の階級制度が影響している面も多分にあったのだ。

注目すべき点は、ロンドンのレコード会社、興行主などポピュラー・ミュージックを動かしていたのは、主に中産階級に属する人々だったということ。すなわち、これらの人々の意向で流行が作り出されていたのだ。

3 英国独自のポピュラー・ミュージック発展の裏事情

地方都市を中心とした新たなトレンド

しかし、イギリスのポピュラー音楽文化は、アメリカとは異なる発達道程を見せ始めていた。前述のロンドンのミュージック・ビジネスに従事する「大人」たちの思惑とは別に、若者たち自身が担う新しい潮流が動き始めていたのだ。

その一例がリヴァプールなどの地方都市や、ロンドンのアンダーグラウンド・シーンなどの動向であった。英国の既成のミュージック・ビジネスとは、まったく別のトレンドが動き出していたのだ。

1950年代末当時のイギリスの若者の風俗を良く表しているのが「テディ・ボーイ」

という言葉だろう。一般的にこの言葉は、髪を大量のポマードでリーゼント・スタイルに固め、黒のレザーの上下に身を固めた不良、というイメージが強いと思う。ビートルズのデビュー前の出で立ちがまさにそうだ。しかし実際には、このテディ・ボーイのスタイルをしている全員が不良だったということではまったくなく、言わば当時の労働者階級の少年たちの間で流行していたファッションと考えた方が近いだろう。この流行を促したのが、先に紹介した映画『暴力教室』だったのだ。これにより、ロックンロールとテディ・ボーイ・スタイルのイメージが同化したのである。この傾向は労働者階級の多い地方都市において顕著にみられた。実際にロックンロール文化とファッション文化の融合がすでにみられるという事実は、流行という点において重要である。

ロックンロールの隆盛は、とりわけリヴァプールでは顕著であったのだが、その理由に関しては後述する。

ロンドン・アンダーグラウンド・シーンの動向

他方、首都ロンドンではどうだったのだろう。

まずは地方都市と同様にテディ・ボーイ・スタイルも浸透しつつあったのだが、その一方ではこれに相反するファッション・スタイルも形成されつつあった。荒々しいテディ・ボーイズの皮ジャンパーの代わりに、細身の3つボタンのベスト・スーツに細身のタイ、髪は長めだが七三にキッチリ分けられたファッション、いわゆる「モッズ」スタイルであった。この傾向は1960年代に入ると顕著になり、ザ・フーの『四重人格』の映画化作品『さらば青春の光』に描かれた、「テディ・ボーイズ」対「モッズ」という図式が60年代半ばまで繰り広げられた。彼らモッズの嗜好する音楽は、荒々しいロックンロールではなく、渋いリズム・アンド・ブルースだった。

ここにおいて顕著となるのが、同根の音楽であるロックンロールとリズム・アンド・ブルースを、彼らが分類していたということ。モッズたちが好んで聴いていたのは、より黒っぽいフィーリングの音楽。すなわちこの時点で、ロックンロールが白人の音楽、リズム・アンド・ブルースが黒人の音楽というジャンル分けがなされていたことになるのだ。

これは多分に感覚的な相違ではあるのだが、このことがもつ意味は大きく、既成の英国のレコード会社がトレンドを作ろうと躍起になってリリースする音楽に満足しない層が誕生し始めていたことを表しており、レコード会社のビジネス戦略がエンド・ユーザーの嗜好と乖離し始めたことを意味する。ロンドンのアンダーグラウンド・シーンのこの傾向は、のちにローリング・ストーンズやヤードバーズを出現させるにいたり、ブリティッシュ・ロックの核の一つとなってゆく。

4 地方都市リヴァプールの特異性

イギリス国内において、アメリカの音楽文化をロンドンとはまったく異なる方向に進化させていた地域があった。それがリヴァプールを中心とした、マージーサイド地区だった。それは多分に地域性に根差した現象であり、それなくしてビートルズの誕生はありえないものであった。

リヴァプールとアイリッシュ

17世紀までの北イングランドの主要港はチェスターで、当時のリヴァプールはまだ人口1000人にも満たない小さな港町に過ぎなかった。しかしチェスターが大型船舶の停泊に適さなくなったことを受けて、俄然リヴァプールに光が当たり始めた。そして18世紀には、北アメリカと西アフリカを結ぶ三角貿易の拠点として栄え始めた。この時期のアフリカからの最大の商品は奴隷だった。リヴァプールから積み出した銃器をアフリカで奴隷と交換し、それをアメリカに送り届けて砂糖と交換するという三角貿易の拠点がリヴァプールであったのだ。すなわちリヴァプールは、黒人奴隷をアメリカ大陸に送り込む奴隷貿易の一翼を担っていたのだ。

18世紀末以降、イギリスでは産業革命を成し遂げて、リヴァプールからマージー河を溯ったマンチェスターに綿工業が栄え始めると、リヴァプールはその輸出港としての役割も担うことになりさらに栄え、19世紀後半にはロンドンに次ぐ人口を抱える都市として成長していく。

その発展過程で、対岸のアイルランドから多くの労働力が流入している。そのアイリッ

ビートルズを生んだ港湾都市リヴァプール

シュ系住人の末裔がビートルズのメンバーの祖先に当たる人々であったと考えられる。

イギリス屈指の貿易港として、リヴァプールは20世紀半ばまで栄えることになるが、リヴァプールの住人たちも港湾関係の職に就く者が多かった。ジョン・レノンの実父フレッド・レノンが船員だったことは良く知られているが、ジョージ・ハリスンの父親ハリーもバスの運転手の職に就く以前は、客船の食堂のマネージャーであった。こういったことをみても、リヴァプールが貿易港として繁栄していたことが窺える。

リヴァプールの特殊性

ビートルズのメンバーたちが音楽に興味を持ち始めた1950年代半ば、前述の通りリヴァプールはアメリカとの貿易の窓口としておおいに栄えていた。アメリカからの入船は日常茶飯事で、アメリカから来る船員、あるいはアメリカ帰りの船員から生のロックンロール／リズム・アンド・ブルースの情報が入手できる環境にあったのだ。なかでもとりわけアフロ・アメリカンの船員たちがもたらす本場のブルースやジャズ、リズム・アンド・ブルースに触れる機会は、ロンドンなどより格段に多かった。それがこの地方都市に独自の音楽文化を形成させることになるのである。

加えてもう一つ、見落とせない要素があった。次項にて詳述するが、この時期のリヴァプールの労働者の職業は、圧倒的に港湾関係の仕事が多数を占め、ホワイトカラーの属する職業は、下層中産階級の人々によって占められていた。ジョン・レノンの育ったミミ伯母さんのスミス家もこの下層中産階級に属していた。しかし、他の3人、ポール、ジョージ、リンゴの家がそうだったように、大多数が労働者階級に占められていた当時のリヴァプールにおいて、若者たちが上昇志向をもったなら、ポップ・スターとなることが最大の夢となるのは必定だったのだ。必然的に音楽への取り組み方は、中産階級が多数を占めるロンドンとその近郊のポピュラー・ミュージック愛好家たちとはレベルがまったく異なっていた。

こうした地域的な特殊性により、リヴァプールのバンドは他の地域と比較しても、アメリカのロックンロール／リズム・アンド・ブルースの影響の色濃い、本格派のバンドが多く輩出されたのである。

この一地方都市の音楽文化から生み落とされたビートルズが、英国全土に彼らの音楽性、すなわち英国独自のロックンロールを普及させる役割を担った力の源泉は、まさに労働者階級のパワーだった。

これらの事象は、アメリカにおけるロックの発生・発展の事情に呼応するかのようにみえる。すなわち、アメリカにおける被支配者階級であった黒人たちによって生み落とされたロックンロールが、英国の被支配者である労働者階級の白人たちによって独自の進化を遂げていったのだ。

3　ベビーブーマーの台頭

デビューし立てのビートルズの才能が大木となる優秀な苗木だったとしても、それを育てる土壌が必要となる。その土壌となった人たちこそベビーブーマーと呼ばれる人々だった。戦後のベビーブームに誕生を迎えた彼らは、ビートルズのデビューした1962年にはティーンズとなっており、最も多感な時期を迎えていた。彼らはビートルズの成長とともに育ち、彼らの世代の先頭にはつねにビートルズがいた。いつの世もビートルズを支持し続けた彼らの存在なしでは、ビートルズを語ることができない。

ベビーブーマー登場

ビートルズが強大なパワーをもつにいたったことに言及する場合、必ず登場するキーワードが「ベビーブーマー」である。1944年にドイツが降伏、1945年に日本が全面降伏したことで、第二次世界大戦が終結し、欧米の大勢の兵士たちが帰国した。禁欲生活にあった彼らが妻のもとに帰ることにより、子作りが活発化し、空前のベビーブームが到来するが、そのベビーブームに誕生した人々をベビーブーマーと呼ぶ。我が日本においては「団塊の世代」と呼ばれる。一説によると1945年から5、6年の間にアメリカだけでも700万人を超える赤ん坊が産まれているという。アメリカでは、戦争に注ぎ込まれていた膨大な戦費が国内に向かい、アメリカ全土に及ぶ高速道路網と一般人を対象にした郊外の一軒家の宅地造成に国費が費やされた。

戦後、好景気を受けた「大量生産、大量消費」のなかでベビーブーマーたちが育っていったのである。この政策により、一般人の中産階級化がおおいに進み、多くのアメリカ人の生活様式の均一化が促進された。その時期に子供時代を送ったベビーブーマーたちは当然その影響下にあり、均一化された思想と多数派に同調しやすい性質をもった多数の子供が出現したのだ。イギリスでも同様な事象がみられた。それを促したのが、アメリカの3大ネットワークによって全国放送されたホームドラマであったと言えよう。「団塊の世代」も同様に、多数派に同調しやすい性質をもっていたと言える。

ビート・ジェネレーション

アメリカ近代文学の傑作『ライ麦畑でつかまえて』を読んだことがおありだろうか？周囲の者とは相容《あいい》れない存在だった主人公のボールデンが、大人になりきれない自分を悟って、自分のように落ちこぼれそうな子供たちが遊ぶライ麦畑を見守る保護者になりたいと望むのである。この主人公はベビーブーマーであった。

どの世界にあっても異端児はいるもので、これらベビーブーマーの間にもドロップアウトした人々がいた。それがビート・ジェネレーションと呼ばれる人々である。主に文学の世界で活躍したジャック・ケルアックやアレン・ギンズバーグといった作家が提唱したライフ・スタイルで、一種の現実逃避的な思想であった。音楽に陶酔し、ドラッグに溺れ、フリーセックスを提唱した。この生き方に賛同した者もベビーブーマーのなかには数多くいて、世界中にこの思想が広まっていった。イギリスも例外ではなく、ロンドンを中心にビート・ジェネレーション、あるいはビートニクと呼ばれる人々が登場していた。

1960年のある日、このロンドン在住のビートニクの某が、リヴァプール大学で講義するためにやってきた。このとき、まだ若かりしジョン・レノンがこの思想に反応しない訳がなく、この某と一緒にスチュアート・サトクリフをともなって翌朝まで語り明かしたということだ。スチュアートの話によると、ジョンはこのときの記憶が鮮明に残っていたため、「ビートルズ」から後刻バンド名に「ビートルズ」を思いついたと語っている。「ビートルズ」という名称に関する新説だが、あながちありえない話ではない。

ちなみにビート・ジェネレーションの思想の洗礼を受けたベビーブーマーは、長じて1960年代後半になってヒッピーとなりフラワーパワーの花を咲かせることになる。

ビートルズとビート・ジェネレーション

ビートルズの稀有なところは、一般のアメリカ人にも、ドロップアウトした人々、すなわちヒッピーたちにも支持されたことだ。これは彼らの音楽性の広さを表す指標となるだろう。後述するが、これはポールのもつポップ感覚の広さを表してもいる。要は同じバンドのなかに性質が両極端と言えるジョンとポールが同時に存在した意味を物語っている。

未発表にはなったがビート・ジェネレーションの中心的存在であるアレン・ギンズバーグの朗読を彼らのアップル・レコードからリリースする計画があったことからみても、ジョン・レノンがどれほど入れ込んでいたかは明白であろう。

ビートルズのもう一つ稀有なところは、このようにアメリカで巻き起こっていたヒッピー文化にも目を向けていたことだ。彼らが庶民性を失っていなかった証拠と言えよう。彼らが労働者階級の出身であると主張したこともその理由の一つだが、その気質を失わなかったことも奇跡的な事象である。

気質と言えば、彼らにはビート・ジェネレーションの思想を受け入れる下地があった。ビート・ジェネレーションの思想、まず音楽への陶酔についてみてみると、当時は最先端だったモダンジャズへの傾倒が挙げられるが、60年代後半の最先端ミュージックと言えばビートルズ自身であった。さらにドラッグへの傾倒だが、ビートルズはデビュー前のハンブルグ時代から薬を使用していたことが知られている。彼らは深夜遅くまで演奏を続けることを義務づけられていたため、目を覚ますために覚醒剤を使用していたのである。またビート・ジェネレーションが推奨したフリーセックスだが、ハンブルグ時代から彼らが遊んでいたことが報告されている。つまりビート・ジェネレーションの思想は、彼らにとって何の支障もなく受け入れ可能なものだったのだ。

こうしてビートルズは一般的なアメリカのベビーブーマーたちにも、またドロップアウトしたヒッピーたちにも受け入れられたのである。それにより「ロック＝反体制」という図式が出来上がったのである。

ベビーブーマーのその後

１９６０年代を通ったことにより、その後の世界を担うことになるベビーブーマーの世界観も左右されることになった。その良い例がロック・ミュージックの定着である。これまで述べてきたように「ロック」はビートルズがロックンロールを進化させて築き上げた最先端の音楽だったが、それに慣らされていたベビーブーマーたちは、違和感なく新しいロックを受け入れる気質を有していたのだ。１９７０年代、１９８０年代のロックの隆盛ぶりがそれを物語っている。

またビートルズのスタイル、すなわちロックと言えばギターとベースとドラムスをメインとしたアンサンブルが定着し、ファッション的に男性のロングヘアが一般的に認められるにいたっている。これらはビートルズの影響を受けたベビーブーマーたちが新しく取り入れたスタンダードである。つまりその後の世界観構築に間接的にビートルズがかかわっていたのである。世界に新しいスタンダードを拡散し、定着させたのがベビーブーマーであったという訳だ。

4　新しいメディアの発達とポピュラー・ミュージック

20世紀はメディアの世紀であると言われる。19世紀後半にエジソンによって発明された蓄音機は、やがて同世紀末にレコードを生み落とし、音楽の伝播の主役となっていった。１９１７年に世界で初めてジャズのレコーディングがおこなわれ、ポピュラー・ミュージックがこのとき初めてメディアに記録されたのだ。

さらに１９２０年に新しいメディアが実用化された。電波メディアであるラジオだ。ラジオの登場により、ポピュラー・ミュージックは伝播力を格段に肥大させたが、それは同時に真の意味でミュージック・ビジネスが誕生した瞬間でもあった。そしてテレビの登場は、そのミュージック・ビジネスを根底から変質させたのであった。

ビートルズを一つのビジネス・モデルと考えた場合、どのようにして彼らが売れたのか、すなわちそのプロモーション戦略を考えるとき､最も重要なポイントが「メディアの利用」であった。そしてそれらのメディアを初めて最大限に活用したのが、まさにビートルズだった。その時点で、ポピュラー・ミュージック・ビジネスは新たなステップに歩を進めることになる。

1 記録メディアとしてのレコードの発達

レコードの誕生と発達

20世紀には、記録媒体としてのレコードが目覚ましい発展を遂げていった。本節の序文に書いた通り、1877年にエジソンによって発明された記録媒体は進化を続け、10年後の1887年、ドイツ移民のアメリカ人エミール・ベルリナーによって円盤形の記録媒体が開発される。このフォーマットが、20世紀初頭にはレコードの名で一般に認知される記録メディアとして普及し始めることになる。

しかしこの時期の録音盤は、シェラックを主材料とした、いわゆるSP盤である。SPとはStandard Playingの略だが、残念ながらSP盤はその材質に起因する破損しやすさ、耐久性の低さ、収録時間の短さなどの諸問題を抱えていた。そのため、まだレコードは高額品であり、一般人にとっては高嶺の花であった。

LP、シングル盤、ポータブル・プレーヤー登場！

しかし1948年、一般にビニールと呼ばれる、丈夫なプラスティック素材を使用したLP盤（Long Playingの略）が、米国コロムビアで開発されたことで、レコードは一挙に大衆化されていった。この時期のレコードは、クラシックの演奏を収めたものがほとんどであったが、SP時代にはすでにコンテンツが飽和状態に近いところまできており、リリースする素材に窮していたのだ。このLPという新しいフォーマットの登場は、レコード業界を蘇生させる救世主の役割を果たした。

加えて、コロムビアのライバルであったRCAレコードが、1949年に独自に開発したのが7インチのシングル盤である。このシングル盤の開発は、オートチェンジャー付き再生機器の開発の副産物として考案されたものだった。しかし、このシングル盤の登場により、1950年代にはレコード購買層はティーンエイジャーにまで広がって行くことになる。

さらにそれに拍車を掛けたのが、1950年代に開発された一般用ポータブル・レコード・プレーヤーである。日本では電蓄（電気蓄音機）と呼ばれていたものだ。じつは1914年には、ポータブル蓄音機がすでに開発されていたのだが、この機器は第一次世界大戦の戦場に向かう兵士たちのために開発されたもので、SP専用機器であったため、のちのポータブル機器に較べて大型で重量も重いものであった。

1950年代に新開発されたポータブル・レコード・プレーヤーの発売により、シングル・レコードが俄然存在価値を示すようになる。要するに子供たちでも容易に扱え、しかも安価なプレーヤーとレコードが一般的になったのだ。これがロックンロールの登場とほぼ重なる時期であったことも手伝い、レコードのマーケットは、当時ローティーンだったベビーブーマーまで巻き込んで、格段に大きなものへと変貌を遂げていった。

ビートルズの登場するわずかに前の話である。しかしビートルズはのちに、これによりさらに大きな恩恵を享受することになるのだ。

2 米国のポピュラー・ミュージックとラジオ

新たな電波メディア、ラジオの誕生

一方、ラジオが産声を上げたのは1906年のことだった。トーマス・エジソンの助手をしていたカナダ人技術者、レジナルド・フェッセンデンが無線電波に音声を乗せて発信することに成功したのである。これが無線通信として、主に軍事目的で実用化されたのは間もなくのことで、1914年に勃発した第一次世界大戦直前には、すでにドイツが軍事プロパガンダ目的でラジオ局を設立していたのだ。こうしてラジオは瞬く間に広まっていった。

やがてラジオ局が設立され、ラジオが一般家庭に行き渡るようになると、情報を発信する媒体としてだけではなく、音楽やドラマにまで番組内容が広がったことで、一時は映画までも脅かす存在とみられるようになった。すなわち、エンターテインメント分野にまで、その効用が広がったことを意味する。

ディスク・ジョッキーの誕生

アメリカにおいてラジオは、1920年代に爆発的に家庭に浸透している。当時のラジ

オの受信機の形状は大型のコンソール・タイプで、現代のテレビと同様に家族の団らんの中心に据えられていた。

しかし、1954年、真空管に代わるトランジスタが実用化されるに及び、ラジオの小型化が推進された。1950年代末までに、安価な日本製のトランジスタ・ラジオがアメリカ市場に大量に流通するようになると、複数のラジオをもつアメリカの家庭が大半を占めるようになった。さらにこの頃には家庭の団らんの主《あるじ》としてテレビが登場したことも手伝い、若者が自室にパーソナルなトランジスタ・ラジオをもつこともありふれた光景となっていった。

加えてこの時期に、アメリカの電波管理政策の方針転換でラジオが自由化されたことにより、多くの小さなローカル局が誕生した。その結果、ラジオのターゲットはファミリー層ではなく、若者へとシフト・チェンジされていったのである。これにより若者向けの多くの音楽プログラムが制作されるようになり、ディスク・ジョッキー番組が誕生することになる。

ラジオによって若者の間に広まったロックンロール

1950年代半ば、ロックンロールが誕生したが、多くの大人たちはこれを容認しなかった。必然的に、若者たちにとってラジオのディスク・ジョッキーが流すこれらの刺激的な新しいロックンロールを聴く唯一の方法は、パーソナルなトランジスタ・ラジオをもつことだったのである。エルヴィス・プレスリーの登場がこの傾向に拍車を掛けた。若者からのラジオ需要の急増は、日本製の安価なトランジスタ・ラジオの需要の急増も促したのだ。戦後の日本経済隆盛の一因に、ロックンロールが大きく寄与しているという事実は、何とも愉快なことではないか。

さらにもう一つ、ラジオの需要を伸張させた大きな要因がカーラジオである。国策によってアメリカ全土に道路交通網が整備されたことにより自動車ブームも巻き起こり、加えて1950年代の絶好調のアメリカ経済の影響で、若者のなかにもマイカーをもつ者さえ出現した。そして、その自動車内に設置されたカーラジオによって、ロックンロールがさらなる隆盛を迎えることになる。

ディスク・ジョッキーとレコード会社との相関関係

ロックンロールの発達において、このディスク・ジョッキーの登場はもう一つの副次的な現象をもたらしている。1950年代には、民生用の磁気録音機、すなわちテープ・レコーダーが登場したことも手伝い、多くのインディペンデント・レコード会社が作られたのである。1960年にはその数、全米で3000ほどというから驚く数字である。これにより、従来のメジャー・レコード会社では取り扱わないロックンロールやリズム・アンド・ブルースが音源化され、若者をターゲットとして多くのシングル・レコードが制作されるようになった。これらのシングル盤がディスク・ジョッキーによってラジオで流されることになるのである。

このディスク・ジョッキーとレコード会社との関係性によって、ラジオはやがてレコード会社の最大のプロモーション・ツールとしての役割を担っていくことになる。

3 英国のポピュラー・ミュージックとラジオ

英国のラジオ事情

一方、目を転じてイギリス国内ではどのような状況だったのだろう。

ＢＢＣが産声を上げたのは１９２２年のことである。この時点ではまだ公的機関ではなく、ラジオ放送と受信機販売の独占権をもつ民間会社としてスタートしている（１９２７年より公共放送となる）。さらにＢＢＣは、１９３６年にはテレビ放送も開始しているが、公共放送であることもあり、堅苦しい番組に終始し、基本的には報道を主目的としていたため、エンターテインメントとしての要素はなきに等しいものであった。

このＢＢＣの姿勢が変化の兆しを見せ始めるのが１９５５年のことで、この年に初めてイギリスは、民間に放送局設立の許諾を与えたのである。これによってＡＢＣテレビジョン、ＡＴＶ（アソシエイテッド・テレビジョン）、グラナダ・テレビジョン、アソシエイテッド・リディフュージョン・テレビジョンの４局が開業している。

１９５０年代半ばには、早くもテレビ時代が幕開けとなった風情だが、実際にはアメリカ同様に、テレビは家庭の団らんの中心にあり、ポピュラー・ミュージック、とりわけロックンロール普及に寄与するにはもう少し時間を要した。またテレビ受像機も高額ゆえに労働者階級の家庭での普及率は決して高くはなかった。そのため若者の音楽情報入手の手段はアメリカ同様、必然的にもっぱらラジオに頼ることになったのである。しかしながら、イギリス政府は１９７３年までラジオに関しては、ＢＢＣの独占状態を続けたのであった。

ラジオ・ルクセンブルグによるポピュラー・ミュージック普及への貢献

事実上、放送業務はＢＢＣによる独占状態にあった１９５０年代のイギリスにおいて、ポピュラー・ミュージックを供給する役割を一手に担っていたのがラジオ・ルクセンブルグであった。ルクセンブルグに本社を構える同社は、海外向けとしてヨーロッパ各国語による放送をおこなっていたが、イギリス向けの英語放送は１９３３年から始まっている。

１９５０年代後半になると、ラジオ・ルクセンブルグでは、夕方から深夜にかけての時間帯に、若者向けの音楽番組を放送していた。これらの番組は、ロンドンのスタジオで制作され、のちにビートルズも顔馴染みとなるブライアン・マシューやケニー・エヴェレットなどの人気ディスク・ジョッキーを生み出したのだが、アメリカのディスク・ジョッキーを模したそれらの番組では、ロックンロールやリズム・アンド・ブルースが流され、それに目を付けたレコード会社がそれらの時間帯を買い取って自社の新譜を競って放送したのである。これはまさにアメリカにおけるプロモーション・ツールとしてのラジオの活用を模倣したものと言える。

まだ10代だったジョン・レノンもこのラジオ・ルクセンブルグのヘヴィ・リスナーであり、これらの番組を聴くために自室に籠もり、遠い電波にダイヤルを合わせる日々を過ごしたということである。これはビートルズのメンバーにかぎらず、ロックンロールに触れたことのあるイギリスの若者の、共通の体験であった。

このラジオ局の存在がのちに海上からロックを放送する海賊放送へと繋がっていくことになる。

4 ライフ・スタイルを変容させた新しいメディア——テレビの登場

アメリカ中産階級のライフ・スタイルを定着させたテレビ

第二次世界大戦後に確立されたアメリカの3大ネットワークは、アメリカ市民の意識に大きな変革をもたらしていた。広いアメリカ全土を被うこのネットワークにより、画一的なラジオ放送がアメリカ全土に発信されることになったのである。

そして前項にて詳述の通り、中産階級化されたアメリカ市民のライフ・スタイルの変容に大きく影響を与え、のちにベビーブーマーたちの新しい文化を急速に伝搬させる役割を担うことになる新しいメディアも登場していた。その最も重要なメディアこそがテレビであった。戦争によって生産が一旦停止されていたテレビが1949年に再開されたことで、ラジオに代わるものとして急速に普及していったのだ。

アメリカでテレビ放送が開始されたのは1940年代初頭のことである。そして第二次大戦後には、ABC、CBS、NBCの3大ネットワークが確立され、1948年に25万台だったテレビの普及数も、1952年には何と1700万台にも急増し、1960年までには、ほぼアメリカ全土にテレビが普及、カラーテレビでさえ1964年から1965年にかけて一般的になっていったのである。

この時期に放送され、全盛を極めていったのが、『アイ・ラブ・ルーシー(1951年CBS)』、『パパは何でも知っている(1954年NBC、CBS)』、『うちのママは世界一(1958年ABC)』、『パパ大好き(1960年ABC)』、『じゃじゃ馬億万長者(1962年CBS)』などのホーム・ドラマである。テレビという新しい媒体を通して、こうした同じ方向性をもった番組が放送され、アメリカ的なライフ・スタイルがアメリカ全土に伝播されていった。

あるいはまた、『ローン・レンジャー(1949年ABC)』、『スーパーマン(1953年ABC)』、『名犬リンチンチン(1954年ABC)』、『ララミー牧場(1959年NBC)』、『ボナンザ(1959年NBC)』、『コンバット(1962年ABC)』などの活劇ものでは、戦うアメリカの「正義」が擦り込まれて行ったのだ。

このメディアに乗せられたアメリカ的なライフ・スタイルが直接的にも、間接的にもベビーブーマーたちに大きな影響を与えた。ベビーブーマーの旺盛な消費意欲は、テレビの存在により拡大再生産されていくことになる。

アメリカのテレビとロックンロール

前項にて、ロックンロールの名づけ親として紹介したDJ、アラン・フリードが名を揚げたのは、ニューヨークのラジオ局WINSにおいて、1954年9月から受け持った番組『ロックンロール・ショー』であった。この番組は大人気を博し、番組放送中は若者が街中から消えたという逸話も残されている。その余勢を駆ってフリードは、1957年にABCでロックンロールを扱ったテレビ番組『アラン・フリード・ショー』を開始する。しかしその番組のなかで、黒人の男性と白人の少女がダンスをするシーンが流れたことで、フリードに対するバッシングが始まり、結局番組は打ち切りとなり、フリードもここから転落の人生を歩むことになる。これこそアメリカの大人たちがロックンロールに向ける悪感情を象徴していたと言えるだろう。アメリカ中産階級の白人の倫理観から発生するロックンロールへの嫌悪感、警戒感によるものだったが、加えてロックンロールが黒人由来の音楽であることが、それを拒絶する潜在的な理由だったと思われる。

若者の間にロックンロールが隆盛となっているにもかかわらず、3大ネットワークは当時の白人の中産階級的倫理観からロックンロールを無視していたのだが、1956年にトミー・ドーシーとジミー・ドーシーが進行役を務める番組『ステージ・ショー』にプレスリーを出演させたところ、過去にないほどの反響を呼び、ロックンロールが視聴率アップに繋がることを知ったのである。

プレスリーのテレビ出演と『アメリカン・バンドスタンド』

当時、バラエティ・ショーで視聴率争いを繰り広げていたのが、CBSの『エド・サリヴァン・ショー』とNBCの『スティーヴ・アレン・ショー』で、アメリカの中産階級の大人たちの嫌悪感を尻目に、視聴率アップのためにプレスリーを競うように出演させたのであった。これによってプレスリーは、「Heartbreak Hotel」を大ヒットさせ、ロックンロールが視聴率稼ぎに繋がることを実証し、レコード会社はテレビがプロモーションの最強ツールとなることを思い知ったのである。

しかしプレスリーのテレビ出演は、アメリカ中に賛否両論を巻き起こしていた。当然若者からは限りない賛辞が寄せられたが、中産階級の大人たちからは非難の嵐だった。そこで、ロックンロールを扱いながらも、本人たちを出演させないという折衷案的な発想で制作された番組が、『アメリカン・バンドスタンド』だった。この番組はボブ・ホーンが進行役を務めていた『バンドスタンド』(1952年に放映開始)を1956年にリニューアルして、ディック・クラークが進行役となり、さらにその翌年に『アメリカン・バンドスタンド』と改題されてロックンロールのレコードを掛ける番組となったのである。ロックンロールに合わせてダンスをする若者の映像が使われて、大人への刺激を和らげていたのであった。

しかし、こうしたラジオやテレビ番組の大きな影響力がモノを言って、ロックンロールは一気にアメリカ全土に大旋風を巻き起こしていったのである。

5 イギリスのテレビとロックンロール

一方、1950年代後半のイギリスに目を転じると、アメリカとは少々異なる展開をみることができる。前述の通りイギリスでは、放送業務に関してBBCがほぼ実質的な独占状態にあった。しかしそのBBC内部から、新たな発想による番組が企画されていた。

BBCによる画期的なロックンロール番組

1957年、BBCの26歳になる若きディレクター、ジャック・グッドが『シックス・ファイヴ・スペシャル』という音楽番組をスタートさせた。この番組には、スキッフルの雄、ロニー・ドネガンをはじめ、ペトゥラ・クラーク等当時のポップスターが多数出演していた。この番組は、若者に大きな評判を呼び、これが契機となってロニー・ドネガンの「Rock Island Line」が英国全土を巻き込む大ヒットとなり、イギリス全土でスキッフル・バンドが急増した。しかしBBCの上層部はロックンロールへの警戒感から、この番組を骨抜きにし始める。音楽的な要素を徐々に制限していき、コメディやスポーツなどの要素を増やしていったのである。グッドはこれに失望して、1958年にBBCを辞めることになる。

ＢＢＣ上層部の介入によって挫折した番組ではあったが、『シックス・ファイヴ・スペシャル』の果たした役割は大きく、スキッフルを全国に拡散したことで、のちのロックンロール・ブームを受け入れる下地を作ったと言えよう。アメリカ同様に、大人たちの警戒感をよそにテレビの影響力がロックンロールのプロモーション・ツールとして大きくモノを言った好例であった。

ＢＢＣを退社したジャック・グッドは、民間放送局ＩＴＶに移籍し、英国初のロックンロール・プログラムとなる伝説的な『オー・ボーイ』をスタートさせることになる。ラジオやテレビの普及率が上昇するにつれて、プロモーションにおける電波メディアの果たす役割の大きさは、アメリカでもイギリスでも肥大化する傾向にあったが、これを最も上手く利用できたのが、やはりビートルズだったのだ。が、その話は後章に譲ろう。

電波メディアの黎明期において、ビートルズが出現する直前にこういった環境が整いつつあったことは頭に入れておいてほしい。

時代がビートルズを待っていた

この章での論旨は、１９６２年末にビートルズが英国でデビューするにあたり、彼らの才能だけで飛翔のチャンスを掴み取ったのではないということをご理解いただくことにあった。言い替えれば、彼らがデビューする時期が、彼らを包む環境が彼らに大いに利をもたらすような条件の整った時期と一致する、ということである。その条件とは次の通りである。

ベビーブーマーが成長し、強大な購買力と消費傾向をもった大きな層を形成するようになったこと。

高級品であったレコードが、ポータブル・プレーヤーとシングル盤の開発によって誰でもが購入できるほどに一般的となったこと。

マスメディア、特にテレビの発達により、即効性と強い伝達力のあるプロモーションが可能となったこと。

驚くべきことにこれらの社会情勢が1962年末までにすべてビートルズのデビューを迎えるべく整ったのである。しかしさらに驚くべきことに、ビートルズはそれらを十二分に利用し、駆使して瞬く間にトップの座に着いているのだ。

さらに、1964年初頭のアメリカ上陸に当たっても、同様に、いやそれ以上に最高のシチュエーションが完備していたのも、本章にて述べてきた通りである。アメリカでの場合は、ビートルズのマネージャー、ブライアン・エプスタインの奇策（後述）が功を奏したということもあるが、それ以前に英国以上に彼らを取り巻く外的な因子が彼らの成功に大きく影響を及ぼしていたことがおわかりいただけたであろう。

これがまさに「時代」と言うべきものであったのだろう。しかし考えてみればこの同時期にデビューを迎えたアーティスト全員にこれを享受するチャンスがあったということなのである。この絶好期を掴むかどうか、後はビートルズ側の問題である。

そのチャンスを掴んだのがたまたまビートルズであったのだということを言いたいのではない。ビートルズでなければならない必然性があったのである。では何故、ビートルズだけが飛び抜けてこのビッグ・チャンスを掴みえたのか、すなわちビートルズは何故売れたのか、これが次章の命題である。

2章　ビートルズ・ブームを創り出したもの

THE BEATLES

1章では、ビートルズがデビューにいたるまでのイギリス、及びアメリカのポピュラー・ミュージック・シーンとそれを取り巻く環境を説明し、彼らのデビュー時期に合わせたように、一挙にこれらの環境が整ったという奇跡的な状況について述べてきたが、彼らのもっと身近でも奇跡的な配材がなされていた。それによって、ビートルズを利する方向にすべてが好転していったのだ。これらの多方面の情報を合わせてみることで、ビートルズのデビュー以降の快進撃の真の理由を、より正確に解き明かすことができるだろう。

社会心理学的な見地から考察すると、「流行」とは社会の多数が短期間に特定行動様式を採る現象を指し示すものだが、通常「流行」とは終焉をともなう現象であり、その流行が終焉せずに定着したならば、それは文化と呼ぶべきものである。そう考えればビートルズはもはや、文化と呼ぶべきものと言えようが、その初期段階においては、まさに「流行」と呼ばれるべき現象を引き起こしていた。

本章においては、1章で述べたビートルズを利するように整って行った社会情勢に対し、ビートルズの側がどのように働きかけたことで大きな成功がもたらされたかを解明し、ビートルズの流行現象の要因を解き明かしたい。

1 ビートルズ、デビューまでの道程

ビートルズは1962年10月に「Love Me Do」でデビューを飾るが、まずはそこに辿り着くまでの道程を振り返ってみたい。ブームを生み出すにいたる、彼らの素材としての魅力はどのように形成されていったかを検証してみることが、ブームの本質を知る大きな手掛かりとなるはずである。

1 ジョンとポールの出会い

ジョン・レノン、クォーリーメンを結成

1950年代後半にアメリカに登場したロックンロールは、世界的なブームを作ったが、それによってイギリスで発生したのがスキッフルだった。ロックンロールを簡素化したとも言えるスキッフルが流行したことにより、戦時中の1940年代前半生まれのティーンエイジャーたちにバンド結成の気運を促した。それによって若きジョン・レノンが、ビートルズの母体となるクォーリーメンを結成することになる。この時点でのクォーリーメンはまだスキッフル・バンドの形態から外れるものではなかった。

クォーリーメンは1956年にジョンの幼馴染み、ピート・ショットンと二人で組んだ

ユニットがその母体となっている（ピートはのちにジョンの個人アシスタントとなり、ジョンの出資によりスーパーマーケットを経営、その後ビートルズのアップル設立時に重役として参加している人物である）。その後新たにメンバーを加えて正式にクォーリーメンとして活動を始めたのは1957年春のこと。バンドの中心メンバーであったジョンは、バンジョー・コードしか知らないながらも、ギターとボーカルを担当。バンド名は学校名クォーリー・バンク・グラマー・スクールに因《ちな》んで命名された。

クォーリーメンがその方向性をロックンロールに向けたのは、バンドがポール・マッカートニーを得た時からである。

ジョンとポールの出会った日

クォーリーメンは人前で演奏する機会を求めて、さまざまな地域のイベントに出演するようになったが、リヴァプールのウールトン地区にあるセント・ピーターズ教会のガーデン・パーティもその一つであった。

1957年7月6日土曜日の午後、セント・ピーターズ教会の庭でガーデン・パーティがおこなわれた。この日は恒例となっている地元の「バラの女王」を決めるコンテストがおこなわれ、その余興の一つとしてジョン・レノン率いるクォーリーメンが、「クォーリーメン・スキッフル・グループ」の名で演奏したのである。

セント・ピーターズ教会のパーティに参加していたメンバーは次の通りだ。

リヴァプールのビートルズ像。左からポール、ジョージ、リンゴ、ジョン（AFP=時事）

エリック・グリフィス……１９４０年10月31日生まれ。ギター所有を理由に加入勧誘された。１９５８年夏まで在籍。２００５年1月29日逝去。

レン・ギャリー……１９４２年1月6日生まれ。茶箱ベース担当。１９５８年春脱退。

コリン・ハントン……１９３８年12月12日生まれ。ジョンより2歳年長ながら、エリックの紹介でドラム・セット所有を理由に加入勧誘された。１９５８年末脱退。

ロッド・デイヴィス……１９４１年11月7日生まれ。バンジョーを入手後すぐにエリックに誘われて加入。１９５７年秋脱退。

ピート・ショットン……１９４１年8月4日生まれ。パーカッション（洗濯板）担当。１９５７年夏、ポールの加入後すぐに脱退。


以上の5人にジョンを加えたラインアップが当日の演奏メンバーであった。当時の新聞記事によれば、演奏されたのは「Maggie Mae」「Cumberland Gap」「Railroad Bill」等とされている。そしてその夜、同じ教会のホールでダンス・パーティも開催され、クォーリーメンはホールに場所を移し、二度目のステージを務めた（夜のステージでは、コリンが不参加）。

ところでこの日、クォーリーメンの補欠メンバー、アイヴァン・ヴォーンがステージを見に来ていた。アイヴァンは奇しくもポールと同じ日１９４２年6月18日の生まれ（残念ながら１９９３年8月16日、51歳の若さで亡くなっている）。彼はジョンの幼馴染みの一人で、クォーリーメンではレンが不在の時に茶箱ベースを担当していた。そのアイヴァンが連れて来ていたのが、リヴァプール・インスティチュートの同級生、ポール・マッカートニーだった。

アイヴァンとポールがクォーリーメンの演奏をみたのは、同日午後4時15分からおこなわれた1回目のステージだった。ステージ終了後、アイヴァンにともなわれたポールは、そこで初めてジョンと顔を合わせた。その時にアイヴァンがポールのギターの腕前を吹聴したため、クォーリーメンのメンバーの前でポールがギターを弾きながら、エディ・コクランの「Twenty Flight Rock」を歌うことになる。彼らは、ポールがギターの正式なチューニング方法を知っていたことに驚き、さらにさまざまなコードを知っていて、多くのロックンロール・ナンバーの演奏方法と歌詞を完璧に覚えていることに驚かされた。特にバンジョー・コードしか知らなかったジョンには衝撃だったであろう。これがジョンとポールの出会いのハイライト部分であり、まさに神話の序章であった。

ジョンがポールに強い印象を植えつけられたのと同様に、ポールの側でもジョンのボーカルに強いインパクトを受けたことだろう。しかしのちのポールの言動によると、彼はジョンのボーカル以上にそのキャラクターに大きな衝撃を受けていたようだ。

これを契機に、ジョンはポールをバンドに迎え入れるか否かを数日間考え続けて、結局彼を加える決断をすることになる。ここにビートルズ神話の第一章が始まったのだ。

Episode 1

奇跡の日のクォーリーメン・ライヴ音源登場

ジョンとポールの出会った奇跡の日のクォーリーメンの演奏を記録した録音が残されていた。いったいどのような経緯でこのテープが残されたのか。真相はこうである。

1957年7月6日、セント・ピーターズ教会での祭典には、教会が主宰する青少年クラブのメンバーも参加していた。そして、そのなかの一人にボブ・モリノーという16歳の少年がいた。彼は当日のイベントを録音しようと、3インチ・リール・テープをレコーダーにセットし、手持ちのマイクでイベントを録音していたのである。こうしてテープに収められたクォーリーメンのライヴ録音には、エルヴィス・プレスリーのナンバー「Baby Let's Play House」、ロニー・ドネガンの「Puttin' On The Style」の2曲が収録されていた。所有者のモリノー氏はその後警官となり、退職後このテープの存在を思い出し、サザビーズ・オークションに懸けたということである。

オークションは、1994年9月15日にロンドンで開催された。サザビーズ側では、10万ポンドから15万ポンドの落札希望額を見込んでいた。しかし実際には、彼らの思惑を大きく下回り、最高入札額は7万8500ポンドに終わった。とは言え、当時の日本円に換算すれば約1200万円という驚くべき金額だった。

このテープの落札者は、ビートルズの所属していたレコード会社EMIの副社長、デヴィッド・ヒューズ氏であった。無論、落札したのはEMIであり、彼はその代理人に過ぎない。そして折から制作作業が進んでいた『ビートルズ・アンソロジー』プロジェクトの一環として、同アルバムへの収録を見据えての落札であったことは、容易に窺い知れる。おそらくEMI側では、この録音を『アンソロジー』に収録しようと考えたが、そのときすでに録音状態も良く、ジョン、ポール、ジョージの揃った時期のクォーリーメンによる初レコーディング曲「That'll Be The Day」（1958年録音）の収録が決まっていたため、このテープのお目見えは見送られたのであろう。

ところで2007年6月26日、英国BBCラジオ2において、「The Day John Met Paul」という特番が放送された。これはこの年が、ジョンとポールの出会いからちょうど50年目に当たるのを記念して企画されたものだった。この番組で、短い時間ではあるが何とこのライヴ音源の2曲がオンエアされたのである。そのサウンドを聴くかぎり、ドラムスが入っていることから、夜のダンス・パーティでの録音ではなく、午後に教会の庭でおこなわれた演奏であることがわかる（前述の通り、ドラムスのコリン・ハントンは夜の部には出演していない）。手持ちのマイクと、家庭用テープ・レコーダーを使用したアマチュア録音であったため、録音状態は極めて悪いのだが、ジョン・レノンの声質はハッキリと聞き取ることができ、若き日のジョンの勇姿を思い起こさせてくれるには十分に貫禄あるボーカルである。

ジョンとポールの結合の真価

ジョンとポールの結合にビートルズの本質があった。ビートルズが解散したいまになってわかること、それは相反する二人のキャラクターが組んだことによる化学反応こそが、ビートルズの原動力であったということだ。個性も音楽性も異なる二人が、ロックンロールという一点のみを共通の言語として、ビートルズの広大かつ深淵な音楽性を築き上げたのだ。二人の音楽性の相違が生み出した奇跡であった。

後年、彼らの広報担当であったトニー・ブラムウェルが後期のビートルズを評して次のように語っている。

「ジョンはジョージとは目も合わせなかった。ジョンにとっては、ビートルズとはジョンとポールのことだった」

この言葉にこそ、その真理が表現されている。

ジョンとポールの二人によって作られたビートルズの幅広い音楽性は、そのまま「ロック」の本質となって、次代のロック・ミュージシャンたちに受け継がれていくことになるのだが、その詳細は後述することにする。いずれにせよ、ジョンとポールが出会ったことによるケミストリーこそが、ロックンロールをただたんに「ロック」と呼ばれる音楽ジャンルに昇華させたということであり、その意味でこの1957年7月6日こそ、ロック（ロックンロールではなく）の生まれた日と言えるだろう。

2 ビートルズのアマチュア修業時代

リハーサルの日々

クォーリーメンはシルバー・ビートルズ、そしてビートルズと改名し、最終メンバーとしてジョン、ポール、ジョージ・ハリスンの三人に、ジョンの親友スチュアート・サトクリフを加えて、出演場所を探して練習の日々を過ごしていた。そんな1960年春の、彼らの練習風景を録音したテープが残されている。『ビートルズ・アンソロジー』にもそのなかの数曲が収録されていた（そのテープの詳細に関しては、〈エピソード2〉を参照のこと）。そのテープに収められた演奏を確認すると、まだ彼らの演奏能力がアマチュアの域を脱していないことが明白だ。ジョンとポールのボーカルも、のちの片鱗はみられるがまだ成熟にはいたっていない。ただし注目すべきは、すでに彼らがオリジナル曲をもっていたということである。この初期のテープには「I'll Follow The Sun」や「Hello Little Girl」など、のちに発表されることになる曲の原石が眠っている。

この当時、アマチュア・バンドがオリジナルを作ろうとする発想自体が非常に珍しいものだった。1963年にローリング・ストーンズがデビューする時点で、まだジャガー＝リチャードのオリジナルは存在しておらず、セカンド・シングルにジョンとポールが「I Wanna Be Your Man」をその場で仕上げてプレゼントしたことが、ストーンズの創作意欲に火を付けることになったことを考えても、ジョンとポールの先進性には舌を巻く。

Episode 2

初期ビートルズ・リハーサル音源

１９６０年初頭のビートルズはドラムス不在が続き、思うような演奏の場を得られないことが多かったためか、それを補うようにリハーサルを重ねていた。あるときポールが、彼の自宅の近所にテープ・レコーダーを所有する隣人を見出し、早速彼らはそのレコーダーを借りて、リハーサルの成果を録音して確認する作業をおこなった。しかし、その後録音されたテープごとレコーダーを返却した彼らは、その存在さえ忘れ去っていた。

それから35年の歳月を経た１９９５年4月24日、日本の新聞各紙朝刊に「23日付英国サンデータイムズによると」という断り書き付きで、ビートルズの１９５９年のリハーサルを録音したテープがみつかったという記事が報じられた。この話題が最初に掲載されたのは、１９９５年3月15日付のデイリー・ポスト紙で、それらの記事を総合すると、リヴァプールに住む溶接工のピーター・ホジソン氏（当時30歳）の祖父が、当時アラートンのマッカートニー家の近所に住んでいて、ポールにグランディグ社製のオープンリール・テープ・レコーダーを貸したとのこと。その後、その一家はリヴァプールのカークビーに転居し、テープとレコーダーは屋根裏部屋に仕舞い込まれたままになっていた。そして１９９４年10月にホジソン氏が屋根裏部屋を掃除中にこのテープを発見し、公になったのである。

このテープは一般的に「クォーリーメン・テープ」と呼ばれている。現存する録音でスチュアート・サトクリフの演奏が聞ける唯一のテープがこれである。スチュが加入したのは60年1月であることから、記事にある「1959年の録音」の記載は明らかに間違いで、彼がある程度ベースを弾ける程度に上達していることを考慮すると、おそらく1960年4~5月の録音と思われる。

このテープは、オークションに懸けられるだろうとみられていたが、テープの存在の発覚後すぐに音源の確認作業をしたポールが手を回し、やはりEMIに非公開の価格で買い取らせている。この後、ポールはホジソン氏を自宅に招き、大歓迎したと伝えられる。『アンソロジー』にこのテープのなかの6曲が使われているが、その他の十数曲は未だにポールの手元に眠ったままとなっている。

実際には同時期にテープ・レコーダーを使って録音された初期ビートルズ・リハーサル音源は、このホジソン氏のものだけでなく、その他に2種、合計3種あることが知られている。一つ目はポールの自宅で録音されホジソン氏が所有していた前出のもの。もう一つは、スチュが所有してのちに彼の恋人のアストリット・キルヒヘアの所有となったもの、そして最後にホジソン氏のテープのコピーをポールがハンブルグでハンス・ウォルター・ブラウンに渡したものと言われる。それらはいずれも『アンソロジー』プロジェクトの時期にEMIによって買い取られている。

レノン=マッカートニー・コンビの誕生

ジョンとポールの結合の真の価値は、彼らの曲作りに対する姿勢にあった。バンドに「作曲」という作業を持ち込んだのはポールである。ポールが処女作「I Lost My Little Girl」を聴かせたことで、ジョンも競うように作曲を始め、「Hello Little Girl」を作っている。プレーヤーとして、ボーカリストとしてのみならず、作曲家としてお互いにライヴァル意識が強くなったのも、極めて初期の段階からであろう。

しかしこの初期時点で彼ら二人が決めた「血の盟約」は画期的だった。ジョン、ポールどちらが作ったものでも、作者のクレジットは「レノン=マッカートニー」とするという盟約である。この盟約こそビートルズの本質を象徴するものであった。すなわちお互いがそれぞれの力量を認め合っていて、対等であるということの証だったからだ。この盟約が遵守されるかぎり、ビートルズは存続可能だったということである。実際、解散までこの盟約は守られることになる（ただし例外的にポールがビートルズ期に作った2曲のみがレノン=マッカートニー名義ではなく、マッカートニー単独で登録されている。その2曲とは、映画『ふたりだけの窓（The Family Way）』の主題曲「Love In The Open Air」、及び映画『マジック・クリスチャン』の主題歌「Come And Get It」であるが、この2曲ともに映画のサウンドトラック用のものであり、公式に単独で音楽担当ポール・マッカートニーと謳われていたためにこうしたクレジットとなったと考えれば、除外しても問題はないだろう）。

ピート・ベストの加入とハンブルグ巡業

ビートルズのプロとしての初仕事は、当時の人気歌手ジョニー・ジェントルのスコットランド・ツアーでのバックバンドであった。しかし実際にプロフェッショナルとしてのバンドの方向性に大きく影響を与えたのは、ハンブルグでの長期巡業と言って間違いない。

ビートルズは1960年から1962年末にかけて、ドイツ、ハンブルグのクラブに5回の長期出演をおこなっている。その詳細は次の通り。

①1960年8月17日〜10月3日　インドラ・クラブ
　同年10月4日〜11月30日　カイザーケラー
②1961年4月1日〜7月1日　トップテン・クラブ
③1962年4月13日〜5月31日　スター・クラブ
④1962年11月1日〜11月14日　スター・クラブ
⑤1962年12月18日〜12月31日　スター・クラブ

ビートルズがハンブルグに行くことになる経緯は、初期のマネージャー代わりとなっていたアラン・ウィリアムズの奔走によるものだった。ハンブルグ行きが決まったことで不在だったドラムスを探さねばならず、ピート・ベストがビートルズに急きょ加わった訳だが、音楽的な見地からの加入ではなく、選択肢がそれしかなかったという理由からであった。のちにリンゴが加入することになるのは、彼らがはじめて音楽的に人選した結果とも言える（それは正解だった）。

ピートの加入によって初めてパーマネントなドラマーを得たビートルズは勇躍した。彼らが出演していたクラブはハンブルグの歓楽街に位置し、そこでの刺激に満ちた日々はもちろんだが、ドラマーをえて大音量で思う存分演奏が可能となったことは、どれほどの喜びであったことだろう。毎夜6時間から8時間に及ぶ演奏を繰り返す日々は、体力的にきつい仕事であったことは間違いないだろうが、その高揚感は続いたはずだ。

しかも、1960年末までにはオリジナルのベーシストであったスチュアート・サトクリフが脱退し、ポールがその後釜に座ると、バンドのグルーヴは一挙にグレード・アップしている。これによって彼らがますますバンド活動にのめり込んで行ったことは間違いない。このハンブルグへの長期巡業が、ビートルズというバンドの特別なグルーヴ感の根本を創り出したと言って差し支えないだろう（それが固まるのは、リンゴの加入を待たねばならないが）。

ハンブルグ・ツアーによるスキル・アップの実態

では実際問題、このハンブルグでの長期巡業で彼らがどれほどにスキル・アップしているのだろう。その検証の最適な資料となるのが、前出の〈エピソード2〉で紹介した1960年春のリハーサル音源である。この音源は、『ビートルズ・アンソロジー』のC

DとDVDに数曲が収録されていたので、誰もが容易に耳にすることが可能であろう。そして次に残されている音源が、ハンブルグで正式にレコーディングされたトニー・シェリダンのバック演奏（そのうちの2曲「Ain't She Sweet」「Cry For A Shadow」がビートルズ単独の演奏）である。これらを比較することそのものの意味はまったくないのだろう。というのも、そもそも60年春のリハーサル音源にはドラムスが入っていないのだから。それがピート・ベスト加入前の音源であり、しかもベースを担当するのは、完璧な初心者であったスチュアート・サトクリフだったからだ。しかし大きなスキル・アップの成果がまさにわずか1年の間に現出しているのだ。雲泥の差と言って良いだろう。ドラマーが加わったことを差し引いても、ハンブルグでの毎日の演奏がどれほどに彼らの演奏能力と舞台度胸をアップさせたかが窺い知れるだろう。

ハンブルグでのわずか数ヶ月の修業期間に、ビートルズは何故このようなバンドとしてのスキル・アップを遂げることができたのだろうか。その歴然とした差を生み出した最大の理由が、ポールのベーシストへの転向である。

ポールのベーシスト転向によるバンドのグルーヴの誕生

ピート・ベストのドラミングに関しては、リンゴとの比較においてのちに検証するが、ポールのベース・プレイでの貢献度の高さは驚異的と言って良いだろう。というのも、そもそもポールはリード・ギタリストとしても当時から相当な腕前だったとジョンも語っている。ポールとの仲が冷えていた時期のジョンが、何に付けても自信家のポールがリード・ギターに関してだけは謙虚すぎるといった意味のことを語っているのである。のちに「Taxman」や『Abbey Road』でのギターソロでそれは実証されており、まさに信じるに値する事実であろう。

加えて、トニー・シェリダンが語るところによると、ハンブルグ時代のビートルズの演奏に関して、「みるべきものがあったのはポールくらいだった」としている。

当時では良くあったことだろうが、バンドの花形はボーカリストを除くとギタリストであり、ベーシストは腕の最も落ちるメンバーが担当するという程度のものであった。というのも普通のロックンロールでは、ルート音と5度の音を交互に弾く程度の演奏能力しか求められなかったからだ。

では実際にハンブルグでレコーディングされたポールのベース・プレイを聴いて欲しい。たとえば彼らが単独でレコーディングした「Cry For A Shadow」のサビ部分の演奏が顕著にわかりやすいだろう。コード感を十分に活かしながらも、メロディ・ラインをもつベース・フレーズを演奏していたことがわかる。近年では、スラップ・ベースなどのトリッキーなプレイによって、ベース・プレーヤーがバンドの花形となっている。しかし1961年の段階で、ポップの世界でポールのような奏法を採り入れた奏者はいない。

もう一つ重要なポイントが、ポールのアレンジ能力である。その能力が発揮されるのは、ビートルズがデビューして、ジョンとオリジナル曲を発表するようになってからなので詳細は後章に記述するが、その力を蓄えたのがこの10代の時期だったと思われる。

ビートルズのメンバーそれぞれの音楽的ルーツ

少々脇道に逸れるが、ここで彼らの音楽的な素養に関して一考察してみたい。

ビートルズが演奏していたジャンルは間違いなくロックンロールだったが、メンバーそれぞれに好んで聴いていた音楽ジャンルには微妙な差異があった。最もわかりやすいのがジョンで、1950年代のエルヴィス・プレスリーやチャック・ベリーなどのロックンロールとリズム・アンド・ブルースの王道を好んでいたことは一目瞭然だ。ジョージの場合は、ジョンより3歳若かったことも影響して、1950年代末から1960年代初頭のアメリカン・ポップスと、白人ロックンローラーによるカントリー色の濃い、いわゆるロカビリーを好んで聴いていた。事実、デッカ・オーディションやBBCなどで彼がボーカルを務めている曲は、キャロル・キング作品などの、アメリカン・ポップスのエッセンス香る楽曲、加えてカール・パーキンス、バディ・ホリーなどのロカビリー・ナンバーが多い。

一方、ポールの場合は非常に複雑で、ロックンロール／リズム・アンド・ブルースはもちろん、ジャズ・スタンダードまでもその愛聴リストに入っていたようだ。父親のジム・マッカートニーが、自身のジャズ・バンドを組んでピアノを演奏していたことも大きく影響していると考えて良いだろう。実際に、ジムが最初にポールに買い与えた楽器はトランペットだったことがそれを物語っている。ジャズの花形楽器は、何と言ってもトランペットだったからである。おそらくジムは、ポールにもジャズに興味をもって欲しかったのだろう。その甲斐あってか、近年ポールがリリースしたアルバム『Kisses On The Bottom』では、ポールが好んで聴いていたジャズ・スタンダード・ナンバーが多数収録されている。またビートルズ初期には「Till There Was You」「A Taste Of Honey」などのミュージカル・ナンバーさえも採り入れている。こういった、ロックンロール以外のジャンルまで聴いていたこと、そしてジャズまで含めたポピュラー・ミュージック全般への素養をもっていたことは、のちにビートルズのオリジナル曲を発表するためのアレンジに大きく寄与し、彼らの音楽性に深みをもたせる役割を果たしたことは間違いない。が、それはこの数年後の話。ポールのビートルズへの最大の貢献に関しては後章にて詳述する。

ハンブルグ巡業の最大の成果

ハンブルグでの巡業は、1960年には8月17日から11月30日までの約3ヶ月半、1961年には4月1日から7月1日までの約3ヶ月、1962年には4月13日から5月31日までの約1ヶ月半、同年11月1日から11月14日までの約半月、同年12月18日から12月31日までの約半月、合わせると約2年半の間の9ヶ月間、すなわち3分の1をハンブルグで過ごしたことになる。

実は、その期間にビートルズがイギリス本国に不在であったことが大きな意味をもっていた。前章で述べた通り、この時期にアメリカではロックンロールの潮流が蛇行し始め、ソフトなアメリカン・ポップスが一世を風靡し始めた頃であった。そしてロンドンを中心とするイギリスのポピュラー・ミュージック・シーンもそれに呼応して、ソフト路線にシフト・チェンジし始めていたのである。一方、ビートルズはハンブルグでロックンロール全開の演奏力を身に付け、そのワイルドさに磨きを掛けてさえいたのだ。それによって、イギリスの他の地方のバンドとは、まったく方向性の異なる音楽性をもつにいたった。

1961年末までに、ロックンロール本来の荒々しさを前面に出したビートルズが、リヴァプールのトップ・バンドに君臨するにいたり、イギリスのポピュラー音楽文化のなかでもリヴァプールだけは特異な性格をもつことになる。

ポリドールでの初のレコーディング

ハンブルグ巡業でのもう一つの収穫は、ドイツの名門レーベル、ポリドールでレコーディングするという貴重な体験をしたことだろう。イギリスのシンガー、トニー・シェリダンのバックバンドとしてのレコーディングだったが、この時期の彼らの演奏力とグルーヴを知る重要な資料となっていることは間違いない。このレコーディングの詳細と残された謎は、別途〈エピソード〉欄にまとめたので、ご一読願いたい。

このレコーディングを体験したことの意味合いは、我々の想像以上に彼らに大きな影響を与えたと思われる。と言うのも、自分たちの演奏が録音され、レコードというメディアの形に残されるのである。音楽とは基本的には演奏と同時に消滅する瞬間芸術であったのが、レコードの発明によってまったく意味合いが変わったのだ。彼らはまさにこのレコーディングによってそれを実感して、レコーディング・アーティストとしての夢を大きくもったものと思われる。

Episode 3

ビートルズ・イン・ハンブルグ

ポリドール・レコーディングで実際にビートルズは何曲をレコーディングしたのか?

ビートルズはドイツのポリドール・レーベルにトニー・シェリダンとともに音源を残している。同時に大きな謎も残されている。何曲がレコーディングされたのかが非常にわかり難いのである。その理由は、トニーのバックバンドとして誰が演奏しようと「ビートト・ブラザーズ」の名に統一表記されていたからだ。その上、ビートルズが有名になってからは、そのレコーディングにさらに手を加えてリリースされることもあり、オリジナルを見分けることも困難になっている。ここでは、ドイツ・ポリドールでのレコーディング曲に関するさまざまな謎解きをしてみたい。

①ハンブルグ巡業

ビートルズは1回目の巡業でトニー・シェリダンと出会っている。トニーはビートルズのメンバーと同年代（1941年生まれ）ながら、すでにロンドンで豊富な芸歴をもっており、優秀なギタリストとして名を馳せていた。しかしボーカリスト志向の強かった彼は、クリフ・リチャードのバックバンド（シャドウズ）のギタリストとなる誘いを断り、この時期ハンブルグへボーカリストとして巡業に来ていたのだ。

ビートルズが2度目の巡業でハンブルグに到着した頃、トニーにドイツ・ポリドールでのレコーディング話が持ち上がっていた。しかし、彼のバックバンドだったジェッツはすでにイギリスに帰国していたことから、急きょその後釜としてビートルズに白羽の矢が立ったのである。プロデューサーであるベルト・ケンプフェルト(注1)が、ビートルズの出演するクラブに出向いてオーディション代わりとし、正式に契約を交わす段取りとなった。1961年6月初旬に契約がおこなわれたが、正確にはポリドールとの契約ではなく、ケンプフェルトのプロダクションとの契約であり、契約期間は1961年7月1日から1962年6月30日までとされ、ビートルズには印税ではなく、一人当たり300マルクのギャラが支払われるとされていた。すなわちビートルズはあくまでもバックバンドとしての扱いだったのだ。

(注1) ベルト・ケンプフェルトは、レコード・プロデューサーとは別に、作曲家、編曲家としても知られ、自身のオーケストラでのレコーディングも数多くおこなっており、1966年には彼の作曲による「Strangers in the Night」（フランク・シナトラ歌）が大ヒットし、当時ヒット中だったビートルズの「Paperback Writer」を蹴落としてチャート1位を獲得している。

②ハンブルグ・レコーディング

ポリドールのレコーディングがおこなわれたのは１９６１年６月22日からである。契約期間前ではあったが、実際にはビートルズの帰国時期が迫っていたため、レコーディングが早められたのだ。ポリドールに残されたレコーディング・シートによると詳細は次の通り。

１９６１年６月22、23日〈場所／ハンブルグ、フリードリッヒ・エバート・ホール〉

1. *My Bonnie*（ドイツ語ヴァージョン・イントロ付）
2. *My Bonnie*（英語ヴァージョン・イントロ部のみ）
3. *The Saints*
4. *Why*
5. *Cry for a Shadow*
6. *Nobody's Child*

１９６１年６月24日〈場所／ハンブルグ、スタジオ・ラールシュテテット〉

7. *Ain't She Sweet*
8. *Take Out Some Insurance On Me, Baby*

※各曲の詳細は章末に掲載

「My Bonnie」の英語ヴァージョンは、リリースされる国により、独語イントロと差し替えられるように、イントロ部だけが録音されたものである。したがって、このセッションでのレコーディング曲は、7曲ということになる。

このレコーディングが終了した1週間後、ビートルズはイギリスへ帰国。同年の暮れ、ブライアン・エプスタインが彼らのマネージャーに就任し、すぐにイギリスの有力レコード会社との契約を取りつけるべく奔走するが、その時点でポリドールとの契約内容に関してもケンプフェルトと連絡を取り、確認作業をおこなっている。エプスタインの最大の目的は、まだ継続中であるポリドール（ケンプフェルトの事務所）との契約による拘束事項を確認することであった。その結果、ケンプフェルト側からは、「ビートルズが新たに他社とレコーディング契約を結ぶことに対しての条件は一切提示しない」旨の返信があった。ただし、契約満了前に再度、トニー・シェリダンのバックバンドとしてレコーディングをおこないたいという要請がなされた。そこで1962年4月から予定されていた3度目のハンブルグ巡業の間にレコーディングがおこなわれることになったのである。

2度目のセッションの詳細は、レコーディング・シートによると次の通り。

1962年5月24日〈場所／ハンブルグ、スタジオ・ラールシュテット〉

Sweet Georgia Brown

Swanee River

※各曲の詳細は章末に掲載

実はこの2曲は、1961年12月21日にトニーがすでに他のバックバンドでレコーディング済みだったのだが(注2)、おそらく新曲を一から録るにはリハーサル時間が不足していたため、すでにアレンジが完成したもののなかから再選曲されたものと思われる。そのために、半年前の同曲のレコーディングに加わっていたロイ・ヤングがピアノで加わっている。しかし特筆すべきは、レコーディング・シートには「Sweet Georgia Brown」のアレンジャーの欄に「ジェームズ・ポール・マッカートニー」の名が記されていることだ。1961年末のレコーディングと比較して大きく異なっているのは、バック・コーラスが加えられている点で、このアレンジをポールがおこなったとみて間違いないだろう。「Sweet Georgia Brown」はビートルズ以外のバックバンドでもレコーディングされているが、その見分け方は非常に簡単で、アレンジが同じでもコーラスがなければビートルズの参加したものではない(注3)。

（注2）　1961年12月21日におこなわれたレコーディング・セッションのメンバーは次の通り／トニー・シェリダン（Vo. Guitar）、ロイ・ヤング（Piano）、コリン・ミランダー（Bass）、ジミー・ドイル（Drums）、ジョニー・ワトソン（Drums）。ビートルズはこの時期、イギリス滞在中であり、この日のレコーディングには一切参加していない。

（注3）１９８６年にテイチク・レコードからリリースされたＣＤ『The Savage Young Beatles』（OVERSEAS/TEICHIKU 30CP-80）にはオリジナル・ヴァージョンと銘打った「Sweet Georgia Brown」が収録されていたが、これはビートルズではなく、１９６１年12月21日にロイ・ヤング率いるバックバンドによって演奏されたものである。

ポリドールに残されたレコーディング・シートから読み取れる、ビートルズのかかわったレコーディングは、以上がすべてである。合計で9曲、10ヴァージョンだが、ビートルズが有名になってからこの音源に目を付けたポリドールとその系列会社は、さらにオーバーダビングによって別ヴァージョンを作り出していたのだ。

③改変されたビートルズ音源

１９６３年末までにビートルズの絶大な人気は、イギリスのみならずヨーロッパ各国にも波及していた。それを受けてまず、１９６４年１月３日に「Sweet Georgia Brown」へのトニー・シェリダンのボーカル追加レコーディングがおこなわれている。トニーはビートルズに因んだ歌詞を新たに作り、彼らのコーラスを残したままリード・ボーカル部を差し替えたのだ。

さらに１９６４年２月、ビートルズがアメリカで爆発的な人気を獲得したのちに、アメリカのアトランティック・レコードでは、ピート・ベストのドラムスが弱いとして、この音源にドラムスとギターのセッション・ミュージシャンの演奏を重ねて録音している。オーバーダビングされた曲は次の通りだ。

Ain't She Sweet……バーナード・パーディ（Drums）

Take Out Some Insurance On Me, Baby……コーネル・デュプリー（Guitar）、バーナード・パーディ（Drums）

Sweet Georgia Brown……コーネル・デュプリー（Guitar）、バーナード・パーディ[注4]（Drums）

（注4）　コーネル・デュプリーは1942年テキサス生まれ。1962年からスタジオ・ギタリストとして活躍。70年代にはスタッフを結成し、名を馳せた。バーナード・パーディは1939年メリーランド生まれ。50年代からスタジオ・ドラマーとして活躍。キング・カーティス、アレサ・フランクリン等のバックを務めて名を揚げている。

「Sweet Georgia Brown」はボーカル差し替え済みのヴァージョンにギター、ドラムスをオーバーダビングしたものである。

そしてさらに大きな問題は、1962年5月24日に録音された「Swanee River」に関する疑問だ。じつは現在までアナログ盤、CDを含めてビートルズによる演奏のヴァージョンは出回ってはいない。現時点までで、ビートルズのもの（?）とされるヴァージョンは、明らかに1961年12月21日のレコーディング曲であり、前述の通りビートルズは一切加わってはいない。試しに「Swanee River」のベースのプレイを聴いてほしい。

前年に録られている「Cry for a Shadow」のミドル部分の見事なベース・プレイを聴かせるポールが、「Swanee River」のような稚拙なプレイは決してしないと言い切れる。後者ではリズムもベース・フレーズも運指も、そのすべてがポールの実力以下であるのは明白だ。これは間違いなくコリン・ミランダーの演奏であり、ポールのものではない。実際にはビートルズ・ヴァージョンはリリースされていないのだ。ではビートルズの音源は何処に？　これは現在でも解き明かせない、ポリドール・レコーディングの最大の謎として残されている。

④ハンブルグ、ポリドール・レコーディング音源の真実

以上の検証の結果、現在までにリリースされている、ビートルズがかかわったポリドール音源は次の通りである。

My Bonnie（ドイツ語イントロ・ヴァージョン）
My Bonnie（英語イントロ・ヴァージョン）
The Saints
Why
Cry for a Shadow
Nobody's Child

Ain't She Sweet
Ain't She Sweet（Drums オーバーダブ・ヴァージョン）
Take Out Some Insurance On Me, Baby
Take Out Some Insurance On Me, Baby（Guitar & Drums オーバーダブ・ヴァージョン）
Sweet Georgia Brown
Sweet Georgia Brown（ボーカル差し替えヴァージョン）
Sweet Georgia Brown（ボーカル差し替え／Guitar & Drumsオーバーダブ・ヴァージョン）

以上の13ヴァージョンである。そして興味のある方は、ぜひリリースされている「Swanee River」のベースを確認してほしい。絶対にポールの演奏ではないことがおわかりいただけると思う。

最後に、ハンブルグ・レコーディングにおいて、トニーとポールの共作による「Tell Me If You Can」という曲もレコーディングされたという噂に関して述べておこう。70年代にこの質問を投げかけられたトニーは、大酒を飲んだのちに「そんな曲はいくらでもできたろうよ」と答えているところをみると、まずデマとみて間違いないだろう。こういった話がまことしやかにささやかれ続けていることこそ、神話と呼ばれる由縁かもしれない。

2　デッカ・レコード・オーディションとBBCオーディション

デッカ・レコード・オーディションまでの経緯

1962年までには、ビートルズがリヴァプールのトップ・バンドとなっていて、彼らのモチベーションも、すでにハンブルグでの巡業ではなく、レコーディング・アーティストの方向性へ向かっていたはずである。そんな時期の1961年末、ブライアン・エプスタインが正式にビートルズのマネージャー職に就いた。これによって事態が大きく動くことになる。

ブライアン本人に関しては次項にて詳述するが、彼はそれこそ寝食を惜しんでビートルズの売り出しのために全生活と全神経を傾けた。その成果としてすぐに決まったのがデッカ・レコードのオーディションだった。しかしこれはいま考えるに、得意先の一つである店のオーナー、ブライアン・エプスタインへのポーズとして、デッカ側のたんなるパフォーマンス的な意味合いであった観が強い。地方から出てきた名もないバンドに真摯に取り組もうという意識は薄かったであろう。少なくともデッカのプロデューサーのディック・ロウにはまったくその意思はなかった。

しかし、得意先であるエプスタインにすぐに断りを入れるということもできないため、ロウの助手であるマイク・スミスをリヴァプールに派遣して、キャヴァーンでのビートルズの演奏をみさせている。

これは多分に儀礼的な意味合いも強かったであろうが、意外にもマイク・スミスのビートルズへの評価が高かったことから、ロンドンへ彼らを呼んだものであろう。しかしおそらくオーディションの始まる以前から、結果は不採用と決まっていたものと思われる。何故なら、このセッションには、ディック・ロウ自身は立ち合ってさえいないのだ。すでにその時点で彼の姿勢が窺い知れる。

デッカ・テープの内容

我々ビートルズ・ファンにとって幸いだったことは、このオーディションに立ち合ったのが、ビートルズに好意的だったデッカのマイク・スミスだったこと、そして彼がオーディションの演奏をすべてレコーディングしてくれていたことである。

そのテープはエプスタインにもコピーが渡され、そのテープを元にダイレクト・カッティングのレコードが数枚作られた。ビートルズを売り込むためのプロモーション用であったが、これによりデッカ・オーディションの音源が残されることになったのだ。

1962年1月1日、ロンドンのデッカ・スタジオでおこなわれたオーディションで演奏されたのは次の15曲であった。

〈デッカ・オーディション演奏曲〉

Like Dreamers Do (Lennon-McCartney)
Money (Gordy/Bradford)
Till There Was You (Meredith Willson)
The Sheik Of Araby (Smith/Wheeler/Snyder)
To Know Her Is To Love Her (Phil Spector)
Take Good Care Of My Baby (King/Goffin)
Memphis, Tennessee (Chuck Berry)
Sure To Fall (In Love With You) (Cantrell/Claunch/Perkins)
Hello Little Girl (Lennon-McCartney)
Three Cool Cats (Leiber/Stoller)
Crying, Waiting, Hoping (Buddy Holly)
Love Of The Loved (Lennon-McCartney)
September In The Rain (Warren/Dubin)
Besame Mucho (Consuelo VaLazquez)
Searchin' (Leiber/Stoller)

デッカ・テープからみえてくるもの

この演奏曲の内訳は、レノン＝マッカートニーのオリジナルが3曲、カバーが12曲というものだが、このカバーをさらに詳細にみてみると、ロックンロール／R&Bナンバーが「Money」「Memphis, Tennessee」「Three Cool Cats」「Searchin'」「The Sheik Of Araby」（この曲はスタンダードだが、ビートルズはボビー・ブラウンをカバーしたためこの分類）の5曲、ロカビリー・ナンバー（白人によるロックンロール）が「Sure To Fall」「Crying, Waiting, Hoping」の2曲、アメリカン・ポップスが「To Know Her Is To Love Her」「Take Good Care Of My Baby」の2曲、スタンダード／ジャズ／ミュージカル・ナンバーが「Till There Was You」「September In The Rain」「Besame Mucho」の3曲という割合である。一見、ロックンロール／R&B系の選曲が多いように思われるが、実際には「The Sheik Of Araby」が元々スタンダード曲であることを考慮すると、比較的広範囲のジャンルにわたって選曲がおこなわれていたことがわかる。これはおそらくエプスタインの指示によるものであろうが、この選曲により、ロックンロールやR&B曲の多くを担当するジョンのボーカルが極端に少なくなっていることがわかるであろう。それに反比例して、ソフトなアメリカン・ポップを多く担当していたジョージのボーカル曲が増えている。

エプスタインが考えた戦略は、この時期のロンドンを中心としたイギリスのポピュラー・ミュージック・シーンの流行を踏まえたうえで、ソフトなアメリカン・ポップを増やし、粗野なロックンロール・ナンバーをあえて外すことで、洗練された現代風のバンドというイメージを与えようとしたものと思われる。

この戦略は、ビートルズというバンドの本質を見誤っていた結果であろう。ロンドン風の流行の曲も演奏できるバンドとしてアピールしようとしたことに、大きな間違いがあった。ビートルズのこの時期の本質は、ロックンロールを迫力満点に演奏できるそのパワーにあった訳で、それを抑えたことで彼らの魅力の半分も伝わらなかったであろう。特にジョンのボーカル担当曲であるロックンロール・ナンバーを外したことで、印象が大きく異なるものになったことは大いなる失敗だった。このオーディションでディック・ロウがビートルズを不採用にしたのは、彼だけの過失ではなく、ブライアンの戦略ミスという側面もあったのだ。

BBCオーディション

エプスタインの仕事は従来までのライヴのブッキングと同時に、そのギャラの値上げ交渉にも及んでいた。この時期におこなわれた地元のロック情報誌『マージービート』誌上の人気投票でビートルズが第1位を獲得したことで、エプスタインのおこなったライヴでのギャラ・アップ交渉も比較的やりやすくなっていたと思われる。レコード会社への売り込みはその合間におこなわれていたのだが、レコード会社へのアプローチとともにもう一つ、エプスタインはビートルズの電波媒体への露出にも気を配っていた。彼はBBCラジオへ出演させるため、ビートルズにオーディションを受けさせている。

このオーディションは、1962年2月12日にマンチェスターでおこなわれたが、これに先立ってエプスタインは、BBCマンチェスター支局のプロデューサーに宛てて、オーディションの申請書を書き送っていた。このオーディションに漕ぎ着けたのはエプスタインの手紙が功を奏したと言えよう。

ビートルズはこのBBCのオーディションで「Like Dreamers Do」「Till There Was You」「Memphis, Tennessee」「Hello Little Girl」の4曲を歌ったのだが、審査をおこなったプロデューサーのピーター・ピルビームは、ポールの歌には「ダメ」を出し、ジョンの歌には「良い」とコメントしたとのこと。

ともあれ、オーディションを無事に通過したビートルズは、早速3月7日にマンチェスターのプレイハウス・シアターでBBCラジオ番組『Teenager's Turn? Here We Go』のために、「Dream Baby (How Long Must I Dream?)」「Memphis, Tennessee」「Please Mister Postman」の3曲をライヴ演奏している（放送は翌日の3月8日）。注目すべきは、このときに初めて全員がスーツを身に付けたということ。エプスタインのマネージメントが本格化してきた証と言えよう。

この後、同年6月11日にも同番組のための収録が同じプレイハウス・シアターでおこなわれ、「Ask Me Why」「Besame Mucho」「A Picture Of You」の3曲がライヴ演奏された（このオンエアは6月15日）。このラジオ収録が、ピート・ベストの参加した最後のラジオ出演となった。

1962年の収録曲がCD『Live at the BBC』未収録である理由

このピート・ベストが参加した1962年の収録曲6曲は、BBCラジオでの演奏を収録したアルバム『Live at the BBC』『On Air - Live at the BBC Volume 2』には収録されていない。その理由は明らかにされていないが、想像に難くない。というのも、まずはこの時期の音源テープがすでにBBC側で処分された後であるということが第1の理由として挙げられる。しかし、実際には『Live at the BBC』の第1集では「Keep Your Hand Off My Baby」などのように、マスター・テープがみつからなかったものでも、オンエア時にエアチェックされた音源で収録された例もある。また実際に、この1962年のピート・ベスト参加音源は、ブートレッグなどにも収録されており、残されていることが判明しているのだ。

そこで考えられるのがもう一つの理由である。それは、ビートルズ関連の音源、映像のほとんどすべてが現在ではAPPLE Corp Ltd.によって管理されているということだ。

と言うのも、アップルとはビートルズ4人の共同出資による会社であり、現在でもビートルズと名の付くもの全ての権利を管理し、それによって得た収益をビートルズの4人のメンバー（あるいはその相続人）に分配する作業を一手に引き受けている。つまり、こうした形でまだビートルズという結合体は生き残っているのである。前述の通り、4人の共同出資であり、その利益は四等分に分配される訳だが、もしここに1962年のピート・ベストの入った音源を収録したアルバムをリリースするとなると、その分配率が微妙に変わらざるをえないだろう。しかも、『アンソロジー』リリース時に、スチュアート・サトクリフやピート・ベストに対しても印税契約をおこなった訳だが、そのときにスチュアートの遺族との交渉で、相当な時間と労力と金額が費やされていた。おそらく彼らは、このときの交渉事に嫌気が差していたことだろう。そんなこともあり、今回も1962年の6曲はあえてリストから外されたものと考えられる。いつかこれがクリアされて、晴れて我々の耳に届く日を待ちたい。

BBC出演のもつ意味合い

エプスタインの最終的な目的はレコーディング契約の獲得だったが、そのための知名度のアップを狙ったBBC出演は、当時としては非常に進歩的な発想だった。と言うのも前章で述べた通り、当時のイギリスでは、電波媒体をプロモーション・ツールとして利用するという発想はまだ定着しておらず、エプスタインの戦略は時代を先取りしたものだったのだ。この発想の柔軟さは、彼の若さによるものと考えられる。1934年生まれのエプスタインは、この時期まだ27歳に過ぎなかったのだ。

エプスタインの戦略は、ビートルズに関する既成事実を積み上げて行き、それをバンドのプロモーション・ツールとして利用するという手法が骨子だった。この時期にエプスタインがビートルズに冠したのは、「ポリドール・レーベル専属」「マージービート誌人気投票第1位」、そしてこれに「BBCラジオ出演中」が加わる訳である。この手法は、のちにアメリカへの進出の際にも彼が採ったものと同じであった。

１９６２年から１９６４年までのエプスタインの採った戦略そのものは、非常に冴え渡っていた。現在では、彼の契約に関する無知さから来る失敗例がいくつか指摘されているが、数字を別にしてその手法は正しかったと言えよう。その戦略の手始めが、このＢＢＣへの出演だったのである。

そしていよいよＥＭＩ／パーロフォン・レーベルのジョージ・マーティンとの出会いを経て、ビートルズが飛翔する。

リヴァプールでＮＯ．１バンドになったからビートルズの未来が好転した訳ではなく、ブライアン・エプスタインと出会ったことこそ、ビートルズの奇跡が生み出される端緒となっていることが、多少なりとも垣間みえてくることだろう。次節では、エプスタインとの邂逅《かいこう》がいかに奇跡的な事象であったかについて検証することから始めよう。

3　ビートルズ・ブームの真相

ブライアン・エプスタイン、ジョージ・マーティンという、信頼できる後ろ盾を得たビートルズは、一気にチャンスを掴み取ってデビューから半年後にはもはやスターの仲間入りをし、1年後には押しも押されもせぬイギリス最大のスターにまで伸し上がっていた。ここからビートルズの快進撃が始まり、解散にいたるまでトップの座に座り続けることになる。何故これほど短期間に彼らが頂点まで駆け上がることができたのか。この項では、突然巻き起こったビートルズ・ブームの真相を探ってみよう。

1　ビートルズ・ブームの到来

ビートルズ、トップ・アイドルへ

1962年のデビュー時点で彼らがすぐにスーパースターになった訳ではない。注目され始めたのはセカンド・シングル「Please Please Me」が1963年1月にリリースされ、テレビショー『Thank You Lucky Star』に出演したことが直接的な契機になっている。電波媒体が大きなプロモーション・ツールとなることをすでに理解していたブライアン・エプスタインは、このテレビ番組への出演を手配してくれることを条件に、この楽曲の権

利をベテラン音楽出版者であるディック・ジェイムズに預ける約束をしたのであった。

エプスタインの思惑は当たった。ツアーでの彼らへの歓声は日に日に多くなって行った。そして1963年4月、サード・シングル「From Me To You」がリリースされると、ローティーン注目のアーティストとして認知されるにいたり、同年8月の4枚目のシングル「She Loves You」にいたって、全国津々浦々で彼らは新進気鋭のトップ・アイドルとなっていた。いよいよビートルズ・ブームが到来したのである。

アイドル創造の新手法

この時期のビートルズは、現在の感覚で捉えるビッグ・アーティストではなく、完全にアイドル、しかもトップ中のトップのアイドルだった。その人気を支えたのが当時のティーンたち、すなわち第二次大戦後のイギリスに生まれたベビーブーマーたちである。彼らにビートルズの何がそれほどに受けたのであろうか。従来までのアイドルとどこが違っていたのだろうか。

ビートルズが登場した時期のトップ・アイドルと言えば、まず誰もがクリフ・リチャードの名を挙げるだろう。クリフとの差異は何だったのか、まずはそこから検証してみよう。

当時のスターの売り方は、決まってピンでの売り出し、つまりバンドは付けてもあくまでもバックに徹することで、ボーカリストに人気を集中させるという手法を採っていた。バンドで売るとなると、それだけ人気が分散するからという考え方である。一時ジョージ・

マーティンも迷った部分であったが、結局はバンドのバランスを崩すことを恐れて、4人横並びで売り出すことに決めたのだ。しかしそれが逆に正解だった。結局、ファンたちが自分の好みのメンバーをそれぞれ選ぶことで、ファンが4倍になったのだ。この売り方は、現在でもAKB48などの「推しメン」（推しているメンバー）という考え方に引き継がれており、古典的な手法と捉えられているが、まさにビートルズから始まった売り方であった。

2 新たなキャラクターのアイドルの誕生

ビートルズのイメージ戦略

彼ら個々のキャラクターの違いは一目瞭然であり、そのメンバーの個性の違いがおおいに売りになっていた。これは、ブライアン・エプスタインが戦略として目論んだものではなく、彼らがそれぞれ強力な個性をもっていたということの証であり、それを実際に戦略として取り込んだのは、映画『A HARD DAY'S NIGHT』以降である。映画で彼らが演じていたのは、知性派だが皮肉屋のジョン、可愛いが抜け目のないポール、無口だが口を開くと辛辣なジョージ、愉快だが寂しがり屋のリンゴ……これらは彼ら自身のイメージを単純化したものであったが、このイメージがほぼ一般のファンに定着した。

しかしこれは映画が公開された1964年以降のこと。ただ1963年時点でも、彼らはインタビューで飾ることもせずに、自由にその個性を表に出していたために、それぞれにファンが付くという傾向を生み出したのだ。

しかし1963年の時点では、最も際立っていたジョンのキャラクターが、バンド総体のイメージとして、ファンにも、メディアにも定着していた。

初期ビートルズにおけるジョン・レノンのキャラクターの重要性

「労働者階級を前面に出す」「辛辣」「機知に富む」と言った特徴は、すべてジョンに由来するものである。少なくとも初期のビートルズにおいて、ジョンのイメージがビートルズ全体のイメージ設定に大きく影響していたことは間違いない。人と異なるジョンのこの性質は、どこから来たものだったのだろう。

ジョンが労働者階級出身ではなく、中産階級の伯母の家で育ったことは前に述べた通りである。しかしジョンは最後までこれを押し隠そうとした。一つは彼の出自の問題である。彼は船乗りのアルフレッド（フレッド）・レノンを父として生まれた。アルフレッドは間違いなく労働者階級の生まれである。しかしジョンを育てた伯母のミミは下層だが中産階級の家庭に嫁いでいた。ジョンは、労働者階級と中産階級の狭間にあって、身の置き場に逡巡を覚えていたと思われる。

そしてもう一つ重要なポイントは、ジョンが傾倒した音楽、ロックンロールの大スター、エルヴィス・プレスリーが労働者階級出身の成り上がりであったことである。そのイメージはジョンにとっては絶対的なものだった。ロックンロール・スターを目指す彼は、絶対に労働者階級出身でなければならなかったのだ。

ジョンの攻撃性の謎

加えて、ジョンのイメージのなかで一般的に知れ渡っているものが「辛辣な皮肉屋」であろう。その裏には、大いなる攻撃性が秘められていた。ジョン・レノンの攻撃性は、何に由来するものであったのだろう。

ジョンは幼年期から父と母の不在を大きなコンプレックスとして抱えていた。のちにソロとなってからジョンは、アーサー・ヤノフ教授のプライマル・スクリーム療法を受けたことにより生み出された曲「Mother」で、心の奥底に封印されていた母への想いを吐露している。このコンプレックスが彼の幼年期に大きく影響しているとみて間違いないだろう。しかしジョンのこれまでの言動を分析すると、彼は敵対関係にあると感じたものすべてに対して、その攻撃性を示すことが多い。なかでもとりわけ、権力を振りかざすものに対しては格別な反感を示している。

社会学的な見地から、労働者階級の人間の敵対動向を精査した際によく言われているのが、不平不満を感じたときに時の最高権力者を糾弾することは滅多になく、その社会環境のなかのリーダー、つまり労働者階級から成り上がった下級中産階級の人間に対して敵対感情をもつことが多いということである。ジョンにもこの傾向がみられるのだが、彼の場合は権力者一般に対して、より大きな反感をもっているように思える。彼の権力への不信感の根底にあるものは、いったい何だろう。

ジョンの心中に潜む怒りの感情の根源は、母ジュリアの死に関連があったのだ。

母ジュリアの死に起因するジョンの内なる怒り

彼の母ジュリアは、ジョンの父であるアルフレッド（フレッド）・レノンと離婚してからジョン・ダイキンスという男と再婚して、ジョンの住むミミ（本名／メアリー・エリザベス・スミス）伯母の家から徒歩で行ける距離に住んでいた。そんなこともあり、ジョンは13歳となった頃から、再び母との交流を楽しむようになっていた。彼にロックンロールを教えたのは母ジュリアであり、ギターを教えたのも母であった。言わば母は彼の唯一の理解者だったのだ。

しかし、ジョンは１９５８年7月、17歳のとき、交通事故でその母を失っている。44歳という若さだった。しかも彼女を轢《ひ》いたのは非番の警官で、飲酒運転だったと伝えられる。それを目撃していたのがジョンの友人、ナイジェル・ウェイリーだった。しかし裁判では、証人が未成年であることから証言が採用されず、その警官は無罪となっている。

この事件は、ジョンに大きな心の傷を残したことは間違いない。これ以降、ジョンの辛辣さが増大しているのだ。

権力者に対する強い不信感の最大の原因は、まさにここにあったのだ。これがのちにＭＢＥ勲章を返却せしめ、反戦運動に大きく傾いていく遠因となったと考えられる。ロックンロールに本格的に傾倒していくのもこの時期からであった。このときにジョンが、権力側と被支配側というヒエラルキーを感じたのなら、彼が労働者階級にこだわる理由がここにもあったかもしれない。

3 ベビーブーマーとビートルズ

ベビーブーマーを取り込んだビートルズ

ビートルズの最大のターゲットとなったのは、10代のベビーブーマーたちであった。この時期、レコード・プレーヤーはポータブルとなり、子供が自室内でレコードを聴くことも可能となった。さらに高価だったレコードも安価なシングル盤の開発により、若年層でも容易に手に入るようになっていた。こうして、大きな人口分布をともなうベビーブーマーが、巨大なマーケットとして成熟を見せ始めていたのである。

ビートルズは、まさにその成熟し始めていたマーケットに火を付けたのであった。そのキー・ポイントとなったのは、彼らのルックスと楽曲、そして前述のイメージであった。

従来までのアイドル・スターたちの特色は、品行方正の好青年、あるいは見掛けをテディ・ボーイ風に装った似非不良少年などであった。大人たちによって都合良く作られたスターたちが、戦略に合わせて作られたイメージを演じていたのだ。これはアメリカでも同様であった。

ここでブライアン・エプスタインの採った方策の秀逸性は、革ジャンとジーンズをスーツに着替えさせた程度の見掛けのクリーン・アップをおこなったとしても、彼ら自身のキャラクターに一切手を加えなかったことにある（実際問題、エプスタインが手を加えられる余地のないほどに、彼らの個性は際立っていたのだが）。そうすることによって、最も強烈なキャラクターをもつジョンのイメージが優先されて、それがビートルズのトータルなイメージとして定着して行った。加えて、ジョンのキャラクターに心酔していたジョージなどは、ジョンの言動に相当な影響を被っており、さながらミニ・ジョンとも言うべき様相をみせていたのだ。

すなわち、重要なポイントは、グループとしてのビートルズのイメージ作りである。リヴァプール訛りを隠さず、労働者階級を前面に出し、辛辣かつ機知に富んだ受け答え、そしてそれとは裏腹に前髪を下ろしたユニセックスでキュートなルックス。もちろん彼らは20歳を越えていたが、前髪を下ろすことで実年齢より若くみえたことが、10代のベビーブーマーたちの琴線に触れたことは容易に想像がつく。メイン・ターゲットである労働者階級のローティーンは、自分たちと同じ階級の仲間であることを隠さないアイドルに、新しい時代の到来を感じ取ったであろう。これらが強力なアピール・ポイントを形成し、ロンドンの気取ったアーティストとは１８０度異なる本物感に、ベビーブーマーたちが敏感に反応し、身近さを感じたのだ。まさに新しい我らがアイドルの登場だった。

ベビーブーマーを虜にしたロックンロール・パワーの源泉

加えて、ベビーブーマーたちがビートルズの楽曲に熱狂した理由は、そのわかりやすさにあった。

１９６０年代初頭のイギリスのポピュラー・ミュージックのヒット曲とビートルズの楽曲を比較してみると一目瞭然にわかってくるのは、まずリズム・セクションの音量バランスだろう。ビートルズの方が、明らかにリズム・セクション（ドラムスとベース）の音量が大きいのだ。

この理由の一つは、１９６２年8月18日に加入したリンゴ・スターの力量によるものだった。デビュー前までドラムスを担当していたピート・ベストとリンゴのプレイを比較すると、どれほどリンゴがパワフルであったかがわかるだろう。もちろんプレイスタイルの違いもあったが、それ以上に彼の利き腕が左であったことが影響していた（ビートルズのメンバーで左利きというとポールを思い浮かべるが、実はリンゴも左利きだったのだ）。バックビートのアクセントであるスネア・ドラムは左手で叩くものだが、リンゴの場合、利き腕の左で叩くため、キレの良さははるかにピート・ベストを上回っていた。

加えてリンゴは、ビートルズがリヴァプールでくすぶっている頃から、すでにプロのロックンロール・ドラマーとして活躍しており、ダンスホールでの長期にわたる演奏が彼にパワーを与えた結果、リンゴのドラムスの音量は相当なものだったのだ。１９６４年のビートルズ、アメリカ初上陸時のワシントンＤＣでのライヴ映像が残されているが、そのリンゴのドラムスの叩きようをみれば、誰もが納得するだろう。

実は、ドラムスでもギターでも強く弾く（叩く）ことで変わるのは音量だけでなく、そのサウンドに含まれる倍音も増えるのだ。これが重要なポイントで、リンゴの厚みのあるドラム・サウンドの秘密がここにある。

前述した通り、ポールのベースの卓越した演奏能力に、リンゴの強力なドラムスが加わり、ビートルズのタイトなリズム・セクションが完成する。ビートルズ独自のグルーヴをもったロックンロールは、このリズム・セクションに支えられていたからこそ完成をみたのである。この強力なリズム・セクションのうえに、シンプルかつポップ感覚に満ちたメロディを乗せることで、ビートルズ独自のロックンロールが展開されるのである。時には、「All My Loving」のようなポップなメロディでさえ、リンゴとポールのリズム・セクションに、ジョンのリズム・ギターが加わることで、ロックンロールとして成立しているのだ。これはバディ・ホリーの方式を発展させたもので、端的に言えば、バックビートを効かせたリズム・セクションがバックにあれば、どれほどポップなメロディを乗せてもロックンロールとして成立する、ということを意味する。

この感覚こそがロックンロールを、ただたんに「ロック」と呼ばれる音楽にまで引き上げる「芽」であった。ビートルズの音楽にベビーブーマーが敏感に反応したのは、まさにこの部分だったのだ。

ベビーブーマーの特性とプロモーション戦略

ここで、1章において述べてきたベビーブーマーたちの特性について振り返ってみよう。

前章にて述べた通り、ベビーブーマーの最大の特徴はその消費傾向にあった。すなわち、1946年から1950年代前半までに生まれた膨大な人口の子供たちが、強大な消費力をもったのである。その結果、アメリカのテレビ局もその視聴率を確保するために、ベビーブーマーに媚びる番組制作の方向性が強くなるのは必然であった。まずは、親にテレビへの信頼をもたせるために、新しいアメリカのライフ・スタイルを描いたホーム・ドラマを数多く制作し、子供がテレビを観ることに抵抗感のない風潮を創り出し、やがてはターゲットが親からベビーブーマーの子供たちへと向けられた。こうして、ベビーブーマーのテレビ偏重がアメリカ全土に行き届くことになる。

この傾向は、アメリカほどではないにしろ、文化的にアメリカの影響を強く受けるイギリスでも顕著となっていった。

ラジオと異なるテレビ最大の武器は、映像を送り出せることであった。これは重要なポイントなのだが、これがビートルズに大きな利をもたらし、結果的に大きなプロモーション戦略となった。すなわち、彼らのルックスのエキセントリックさを、映像で伝えることが最大のプロモーションだったからである。前述の通り、ビートルズが前髪を下ろした長髪であることで実年齢以上に彼らを若くみせて、これが若年層のベビーブーマーを取り込むための強力な武器となったことは、容易に窺い知れよう。初期のビートルズの人気には、楽曲の良さと同等程度に彼らのこのルックスが大きく作用し、それをテレビメディアが大きく助長したと考えられる。

ビートルズの規格外れの大成功により、ポップ・ミュージック界はベビーブーマーの底力に気づかされ、それ以降は完全にベビーブーマーがそのターゲットとなっていった。

4 マスメディアとビートルズ

市場原理によるマスメディアの変質

新聞、ラジオなどのメディアは元来公共性が強く、国策のプロパガンダにさえ利用されてきたが、第二次大戦後、放送メディアにアメリカ3大ネットワークが確立された頃から、メディアにさえ市場原理が導入され始めた。放送局の経営は、放送受信料を徴収する方式ではなく、コマーシャルを電波に乗せることで収益を上げるという方式で成り立っていたため、視聴率の取れる番組制作を求められるようになったのだ。こうして市場原理がマスメディアにも導入されたことで、メディアに流れる情報は市場価値のあるものが中心となっていったのである。

一方、公共性が強いBBCを擁するイギリスにおいては、市場原理の導入は程遠いと思われたが、1950年代にインディペンデント系の放送局が名乗りを上げるに及んで、英国マスメディアでも変質が始まり、やがてBBCをも巻き込んでいった。

このマスメディアの変質は、ビートルズに大きな利をもたらした。マスメディアがこぞって「奇異なこと」「話題性の高いもの」を取り上げる傾向を強めていったからだ。ビートルズのエキセントリックさ、嬌声を上げるビートルズ・ファンはまさにその方向性に合致したのである。

マスメディアの影響力

現在ではマスメディアの影響力の大きさは自明の理であり、第4の権力とも呼ばれるが、社会心理学の分野においてもマスメディアの影響力が研究材料となっている。

バンドワゴン効果と呼ばれる現象がある。これはマスメディアの影響力によって、視聴者（聴取者）が多数派に組み込まれていく現象を言うが、オピニオン・リーダーをともなったとき、その効果は増大していく。

もう一つ、単純接触効果と呼ばれる心理学的傾向が存在する。これはメディアへの露出が多ければ多いほど、視聴者（聴取者）はその対象に興味・好意をもつようになるという現象である。テレビへの露出の多いアイドルが人気を集めるという現象がまさにこれである。

これこそが、ベビーブーマーの反応とともに、ビートルズをスターダムに押し上げたもう一つの要因となっている。すなわち、マスメディアから市場価値を見込まれたビートルズは、テレビ、ラジオ、雑誌、新聞などに数多く取り上げられたことで、彼らの人気を増幅する効果を享受したのだ。

ブライアン・エプスタインのメディア戦略

一方、ブライアン・エプスタインは、確固たる戦略をもってマスメディアに臨んだ訳ではなかった。

彼は1963年半ばに、自身の会社NEMSエンタープライズ内に広報宣伝部門を設けている。当時、アーティストのマネージメント会社に広報専任がいること自体、稀有なことであった。しかし、エプスタインの慧眼がそうさせたのかというと、事情はやや異なってくる。

実際にアーティスト・マネージメントに関してはほぼ素人に近かったエプスタインは、プロモーション活動をおこなうためのノウハウも持ち合わせていなかったこともあり、早い時期からこの広報担当を探していたようだ。すなわちビートルズを売り込むためのプロモーション戦略を練るうえでの指南役が欲しかったのだ。

1962年半ばからエプスタインは、デッカ・レコードのトニー・バーロウに目を付けていて、セカンド・シングル「Please Please Me」のリリースに当たって、バーロウを囲い込むことに成功している（彼はしばらくの間、NEMSとデッカで二足のわらじを履くことになる）。

しかし、この広報担当者トニー・バーロウが、1963年半ばまでにはビートルズをメディアに売り込むことよりも、次々とやって来るメディアからの取材申し込みを捌くための存在に変貌するのは、何とも皮肉な話だと言えよう。

こうして一歩引いて見渡すと、エプスタインがプロモーションのために打った戦略は、彼らをテレビに出演させること以外（それも実際にはディック・ジェームズの手配だった）、ほとんどないと言っても過言ではないだろう。ビートルズの人気は、それほどに急激に沸騰したのである。それはまさにベビーブーマーの力によるものだった。

しかし、エプスタインはビートルズの急激なスターダムへの上昇を目の当たりにして、マスメディアの影響力の大きさを実感していた。エプスタインは、イギリスでのこの経験を、逆にアメリカにおいてはフルに利用する戦略を立案したのである。このエプスタインのアメリカ侵攻作戦については後述する。

英国芸能界からの反発

ビートルズの急激な成功が、従来までのロンドンを中心としたポピュラー・ミュージック界に大きな衝撃を与えたことは想像に難くない。

話は少し溯るが、「She Loves You」が話題になり始めた頃、目敏くビートルズに目を付けた英国芸能界の陰の大立て者がいた。ルー・グレードとその二人の弟である。

当時、英国のショービジネスはいくつかのグループによって牛耳られており、その一つがグレード兄弟だった。ルー・グレード、本名ルー・ヴィノグラドスキー（Winogradsky）

ブライアン・エプスタイン（1965 年 10 月 2 日）

は1906年にロシアで生まれ英国へ移民。当初はダンサーとしてショービジネス界に足を踏み入れている。その後、興行主として成功し、ビートルズが名を成し始めていた1960年代初めまでに、長兄のルー・グレードは英国最大の民間放送局ATVオーナー、次兄のレスリー・グレードは当時の英国の最高視聴率番組『サンデーナイト・アット・ザ・ロンドン・パラディウム』を制作していた。また末弟のバーナード・デルフォント（デルフォントの姓もグレード同様、のちに改姓したもので、この3兄弟の本名は全員がヴィノグラドスキー）は英国最大の芸能プロダクションを経営し、映画制作、劇場経営からアーティスト・ブッキングまで仕切っていたのである。

1963年初夏、レスリー・グレードからビートルズのマネージャー、ブライアン・エプスタインにコンタクトがあり、彼の会社グレード・エージェンシーでビートルズのマネージメント、及びブッキングをおこないたいとの提案があった。グレード側の条件は、収益の10％の受け取りということであった。しかしエプスタインはこれを断わっている。

これに対してグレード側は、その影響力を行使して大手のマスコミからビートルズを閉め出そうと画策する。グレード側の思惑では、数ヶ月でビートルズ側が音を上げてくると踏んでいたことは間違いない。英国芸能界を牛耳るグレード兄弟とビートルズとの全面戦争の様相を呈してきた矢先、メディア側からの造反が起きた。音を上げてきたのはメディア側だったのだ。市場原理によって動き始めていたマスメディアにとって、すでにビートルズはなくてはならないドル箱スターに成り上がっていたのだ。グレード兄弟の意向でさえも、ビートルズの急激に膨張する人気の前では霞んでしまったのである。

結局、グレード側は手の平を返すように、ビートルズを取り込む方向にシフト・チェンジしている。彼らの運営するテレビ番組『サンデーナイト・アット・ザ・ロンドン・パラディウム』への出演依頼を出すにいたったのだ。エプスタインはこれを受ける条件として、ビートルズをメイン・ゲストとして扱うよう要求、結局グレード側はこの条件さえも飲んでいる。

グレード兄弟からの懐柔策はまだ続き、ビートルズはグレード兄弟がブッキングしていた『ロイヤル・ヴァラエティ・ショー』への出演さえも勝ち取ったのである。まさにグレード兄弟の全面降伏だった。

Episode 4

グレード兄弟とビートルズのその後

ビートルズ獲得という野望に敗れたグレード兄弟が、それで刀を納めた訳ではなかった。数年後、さらなる一撃を繰り出す。狙いはノーザン・ソングスであった。ノーザン・ソングスは、ビートルズの楽曲を管理するために、1963年2月22日に設立された。その持株比率は、ディック・ジェームズが50%、ビートルズ側が50%（ジョンとポールが20%ずつ、NEMSが10%）だった。

しかし状況が変わったのは、1965年のこと。非公開だったノーザン・ソングスの株の一部が公開されたのだ。ビートルズの収入に対する莫大な税金対策の一環だった。特に作詞作曲をするジョンとポールの二人への課税は、収入の90%を超えると見込まれた。しかしキャピタル・ゲインが非課税であったことを利用したのである。ノーザン・ソングスの全株式を新たに500万株として、125万株が一般に売りに出され、残りの375万株の内、ジェームズとその会計士シルバーが93万7500株ずつ、ジョンとポールが75万株ずつ、NEMSが37万5000株という具合に分配された。

ノーザン・ソングス株の公開を機にルー・グレードの攻勢が始まった。ノーザン・ソングスを所有することこそ、ビートルズの利益を共有することだとルー・グレードは気づいたのだ。彼が狙いを定めたのが、ノーザン・ソングスの社長ディック・ジェームズの所有する株だった。グレードは事あるごとにジェームズに接触してノーザン・ソングスの売却を迫った。実はグレードとジェームズは良好な関係を保っていた。元々ジェームズは歌手であり、グレードとはその時代からの知り合いだったのだ。

さらに状況が動いたのは1969年のこと。ジョンがアレン・クラインを連れてきて、アップルの経営責任者の席に据えたのだ。これがのちにノーザン・ソングス株の処理問題で、ビートルズにとって最悪の禍根を残す遠因となった。と言うのもクラインもノーザン・ソングスの株に目を付けていたのだ。クラインが動き出したことで最も危機感を覚えたのがディック・ジェームズである。ジェームズにさえクラインの悪名は届いていて、彼が最も恐れたのはノーザン・ソングスがクラインに乗っ取られることだった。ディック・ジェームズは、クラインがビートルズ側の交渉相手となり訴訟もチラつかせるにいたって、グレード側に対して株の売却を決意することになる。

ディック・ジェームズは、ノーザン・ソングスの株の最大の保有者であり、しかもノーザン・ソングスの会長の座にあったシルバーはジェームズの会計士であったので、彼の所有する株も事実上、ジェームズのコントロール下にあったのだ。この両人の所有する株は、187万5000株にのぼっていた。すでにグレード側（ATV）は公開株のうち15万株を取得していたので、発行株式の実にほぼ35％をグレードが握り、最大の株主になることが決まったのである。

しかし、これに先立って、ビートルズ側に対する説明は一切なされなかった。ビートルズ側は、ジョンとポールの持ち株に、エプスタインの会社（ビートルズのマネージメント会社）NEMSの持ち株を合わせても200万株に届かなかったが、この時点での保有株数は、ビートルズ側、ATV側でほぼ互角に近かった。さらに公開買い付けをおこなうためには、約1000万ポンド（当時のレートで約90億円弱）の現金が必要だったが、さすがのビートルズもこれだけの額となると右から左という訳には行かない。それでもビートルズ側は、ノーザン・ソングスの経営権を握るための最低限の株を買い取るという方針を打ち出し、ビートルズというブランドの下に協力者が集まり始め、一度はATV側も敗北宣言を発表するなど、すべてが上手く行くかのように思えた。

ところが、ここでもう一つの集団が人知れず動き出していた。ノーザン・ソングスの株が急騰の気配をみせたことで、大手の3つの証券会社スペンサー・ソートン社、アステア・アンド・カンパニー、W.I.カー社の顧客が連携を組んで、ノーザン・ソングスの株の取得に密かに動き出したのだ。最終的にこの連合が手にした株は、実に総発行株の14%にのぼった。彼らは、ビートルズが経営権を握り株価が安定することを嫌い、ATV側に接触する。

一方ビートルズ側では事態が紛糾、資金援助を約束していた協力者たちに対して、ジョン・レノンが「ネクタイを締めた奴らは信用できない。彼らにオレたちの会社を牛耳られるのはいやだ」とゴネ始めたのだ。これらにより一挙に形勢は逆転する。結局、過半数の株を取得したATVがノーザン・ソングスの経営権を握り、それに対してアレン・クラインの打った手は最悪の手段だった。ビートルズの所有するノーザン・ソングスの株を、できるだけ高くATVに売却するという暴挙に出たのだ。こうしてノーザン・ソングスはATVに売却され、新たに設立されたATVミュージックの一部となったのである。ATVのオーナーであるルー・グレードは、こうして1963年以来恋い焦がれたビートルズの資産のなかで最も価値のある、楽曲の権利を入手したのである。

しかし、グレードにもこの報いを受ける日が訪れる。ルー・グレードは70年代に入ると、映画製作に興味をもち、出資した映画『ピンク・パンサー2』『マペットの夢みるハリウッド』『ソフィーの選択』『黄昏』などで大きな成功を収める。しかし、人気作家クライブ・カッスラーの小説『レイズ・ザ・タイタニック』の映画化で失敗し大きな損害を被り、ATVの親会社、ACC（アソシエイテッド・コミュニケーションズ・コーポレーション）の株価は大幅に下落した。すでに70歳を超えていたグレードは、ACCの経営を引き継ぐ人材として、オーストラリアの実業家、ロバート・ホームズ・ア・コートをヘッドハンティングする。しかし、グレードが信じたホームズ・ア・コートは、とんだ食わせ者で、結局彼がACCの会長になった途端にグレードはお払い箱となり、実権を握ったホームズ・ア・コートはノーザン・ソングス株を入札で公売。それを購入したのが、『スリラー』で大金を手にしたマイケル・ジャクソンであった。

5 アメリカ侵攻への道――エプスタインの活躍

エプスタインのアメリカ侵攻戦略

ブライアン・エプスタインが最終的に望んだものは、他ならぬアメリカ・マーケットの制覇であった。その最終目的のために彼が選択した方法はただ一点、アメリカ・メディアの利用であった。

１９６３年10月13日、イギリスのテレビ番組『サンデーナイト・アット・ザ・ロンドン・パラディウム』にビートルズが生出演したことによって、ビートルズのエキセントリックな魅力と、それに反応して嬌声を挙げる少女たちの姿が電波に乗った影響は大きく、翌日の新聞の見出しには「ビートルマニア」の文字が踊った。これによってビートルズ人気は、雪崩を打ったように拡散していったのだ。エプスタインは、この手法をアメリカに持ち込もうと考えていたのである。エアプスタイン最大の挑戦が始まる。

キャピトル・レコードと米国マスコミの頑迷さ

エプスタインはイギリスの制覇が見え始めた1963年前半から、アメリカ進出への糸口を探っていたのだが、最も頼るべき相手であったキャピトル・レコードがまったくビートルズに興味を示さなかった。仕方がなくエプスタインは、アメリカのマイナー・レーベルのVJレコードやスワン・レコードと契約していたが、ビートルズとの金銭的な契約履行さえできなかった彼らに、アメリカでのプロモーションがおこなえるはずがなく、惨憺たる結果に終わっていた。

しかし何故これほどにキャピトル・レコードはビートルズを嫌ったのだろうか。それは非常に単純な問題からだった。

当時、キャピトルでアメリカ国外のEMIの曲を担当していたプロデューサーはデイヴ・デクスター・ジュニアだった。彼はジャズ専門誌『ダウンビート』の元記者で、その経緯からハーモニカの音色を嫌っていた。1962年末に「Love Me Do」がイギリスから送られて来たときに、彼が最初に聞いたのは嫌っていたハーモニカの音色であった。無論、キャピトルでのリリースは却下された。続く「Please Please Me」でもイントロのジヨンのハーモニカによって却下された。すなわちデイヴ・デクスター・ジュニアさえ承認していれば、様相は変わっていたかもしれない。しかしビートルズが有卦《うけ》に入《い》ってからは、そんなデイヴ・デクスター・ジュニアも、ビートルズのアメリカ盤アルバムには「Produced in the U.S.A. by Dave Dexter, Jr.」の文字を入れているのだ。何という驚くべき厚顔無恥さ！

しかしデクスターにだけ、その責任を押しつけるのも酷かもしれない。1963年11月16日、エプスタインが英国内で巻き起こっているビートルズ旋風をアメリカに伝えようと、米国マスメディアをビートルズのショーに招いたときに、取材チームを寄越したのはCBS、NBC、ABCの3局だったが、CBSの記者アレキサンダー・ケンドリックスの報告はビートルマニア現象とビートルズを馬鹿にしきったもので、ビートルズには音楽性が感じられないとしていた。おそらくこの時期のアメリカのマスコミのビートルズ観は、この記者とほぼ同様であったと思われる。アメリカのマスコミは当時、それほどまでにイギリスのミュージック・ビジネスを軽視していたのである。

さらに残念なことに、この取材によるニュースがアメリカで放映されるのは、12月まで待たねばならなかった。11月22日に全世界を揺るがす大事件、ケネディ大統領暗殺事件が起こったためだった。

エプスタインにアメリカのプロモーターから一本の電話が入ったのはそんな時期、1963年初秋のことだった。シド・バーンスタインと名乗る男からの電話は、ビートルズ・アメリカ公演のオファーだった。

アメリカからのラブ・コール

面識もない男からのアメリカ公演のオファーは、エプスタインにとって魅力的ではあったが、不安も募ったことであろう。しかしエプスタインにとって、これが大きな切っ掛けとなったことは確かだった。

シド・バーンスタインは、アメリカの大手プロモーターであるゼネラル・アーティスツ社で働いていたが、イギリスで起こりつつあるビートルズ熱に早くから注目していた。バーンスタインは、所属する会社のエージェントとしてではなく、個人のプロモーターとして交渉を成立させようと、実際に1964年2月12日のカーネギー・ホールを押さえていたのだ。バースタインのこの熱意が、エプスタインを動かしたと言えよう。アメリカ制覇に向けてエプスタインが、本格的に動き出したのもこの時期である。

ビートルズはイギリスでは一公演に2000ドル相当のギャラを受け取っていることをエプスタインが説明すると、バーンスタインはカーネギー・ホールでの1日2回公演で6500ドルの出演料を提示してきた（最終的には7000ドルに落ち着く）。結局、バーンスタインの申し出に対してエプスタインは、「もしビートルズが公演までにアメリカでヒットが出せない場合はキャンセルできる」という条件を付けて、アメリカ公演が決まった。

エプスタインの思惑

まずエプスタインが目指したのは、イギリス同様にビートルズをアメリカのメディアに乗せることだった。前述の通り、アメリカ・メディアをビートルズ公演に呼んだのもその一環であったのだ。

エプスタインが最終的に狙いを付けたのが、『エド・サリヴァン・ショー』への出演だった。アメリカでもトップ・クラスのアーティストたちが出演を渇望するヴァラエティ・エンターテインメント番組である。エプスタインにとって幸いだったのは、エド・サリヴァン本人が、1963年に訪英した際にビートルズ・ファンの大騒動を目にしていたことである。1963年11月4日のロイヤル・コマンド・パフォーマンス（王室御前コンサート）を見届けたエプスタインは、バーンスタインの申し出に応えるために、翌11月5日にニューヨークに向けて旅立つが、同時にその訪米は『エド・サリヴァン・ショー』にビートルズを出演させるための交渉も兼ねていたのだ。

それ以前にエプスタインが大急ぎで取り交わした契約があった。ビートルズ主演映画に関する、ユナイテッド・アーティスツ社との契約交渉である。のちに『A HARD DAY'S NIGHT』となる作品の契約を、エプスタインが急いだのには理由があった。エルヴィス・プレスリーがそうであったように、当時のロックンロール・スターが映画に出演するのは大きなステータスであったのだ。ビートルズを映画に出演させ、それをエド・サリヴァンとの交渉材料の一つとしようとしたのである。しかし、その契約を急ぐあまりに、映画の契約内容に関しての詰めは相当に甘かったと言えよう。映画からのビートルズ側への印税が安かったという点、そして出演作を3作とする点などにその甘さが表れている（内容は後章にて詳述）。しかし、『エド・サリヴァン・ショー』への出演を実現するために、エプスタインが最善と考えた策であったのだ。

エプスタインとエド・サリヴァンの裏取引

ニューヨークに到着したエプスタインは、まず『エド・サリヴァン・ショー』にビートルズを出演させるための交渉をおこなった。彼はイギリスから持参した、ビートルズを掲載した新聞記事の山を提示しつつ、イギリスで巻き起こっている現象、そしてビートルズがどれほどの才能をもった若者たちであるかを力説したのだが、最終的に物を言ったのは札束だった。

エプスタインはビートルズの出演と引き換えに、番組への補助金を提案したのである。その金額は定かではないが、ビートルズの番組出演料であった1万ドルをはるかに凌ぐ額であったことは想像に難くない。実際にこの裏取引が功を奏し、エド・サリヴァンはビートルズの出演を前向きに検討することを約束する。

エプスタインの渡米の目的は、アメリカ・マーケットの目をビートルズに向けさせるためのプロモーション戦略にあり、アメリカ市場からの利益還元はまだ想定さえしていなかった。アメリカへの足掛かりを掴めるものであれば、金に糸目は付けないという覚悟でエプスタインは渡米していた。その裏には、ビートルズの巨額の印税収入が入り始め、金銭的な憂いが一切なくなったという事実があった。すなわちビートルズの全収入から必要経費を除いた25%をNEMSが受け取るという契約においては、実際には全収入の半分でさえエプスタインの裁量で使うことができたのだ。もはやイギリスを制した彼に後陣の憂いはなかったのである。

アメリカ・マスメディアとのコンタクト

エド・サリヴァンとの交渉が上首尾であったことに気を良くしたエプスタインは、続けてプレスへのアプローチをおこなった。そのなかで最も良い成果を上げられたのが『ニューヨーカー』誌へのエプスタイン自身のインタビュー掲載である。そのインタビューは、1963年12月28日号に掲載された。

エプスタインはさらに、CBS、ABC、NBCの3社のテレビ局に、ビートルズのコンサート取材を手配している。1963年11月16日、彼らが英国のビートルズ現象を取材したのは前述の通りだが、おそらくこれもエプスタインが財力に物を言わせたと考えるべきだろう。たとえ記者たちが酷評したとしても、ビートルズの名と姿がアメリカの電波に乗ることが最大のプロモーションになると、エプスタインは踏んでいたのだ。そしてそれはまぎれもない事実だった。こうしてエプスタインのプロモーション・ツアーは満足の行く成果を上げたのだ。残すはキャピトル・レコードだけであった。

キャピトル・レコードとの交渉

11月29日にイギリスでリリースされた「I Want To Hold Your Hand」は無敵の快進撃を続けていたが、アメリカではキャピトル・レコードの厚い壁に再び阻まれていた。キャピトルはイギリスEMI社の傘下企業ではあったのだが、アメリカ市場の巨大さゆえに、EMIに拘束されることは稀だったのだ。

キャピトルの態度に業を煮やしたエプスタインは、キャピトル・レコードの社長、アラン・リヴィングストンに直接電話を入れている。エプスタインの主張は強硬だった。「I Want To Hold Your Hand」のプロモーションに4万ドルを要求したのである。もちろん、『エド・サリヴァン・ショー』に出演が決まりかかっていることを餌に使ったことは言うまでもなかった。

さらにEMI側も後押しし、会長のジョセフ・ウッド卿自らがキャピトルのセールス担当副社長のロイド・ダンに、「I Want To Hold Your Hand」のリリースを直接指示したのである。これでリリースは決した。しかしこの時点では、エプスタインの望んだプロモーション費用の捻出は困難であり、シングル盤のプレス枚数も低く抑えられるはずだった。

実は「I Want To Hold Your Hand」のリリースを強力に後押ししたのは、DJたちとリスナーたちだった。イギリスから直接持ち込まれたシングル盤を、ワシントンDCのディスク・ジョッキーがオンエアしたところ、リスナーから猛烈な反応が返ってきたのだ。同様な事象がアメリカ各地で報告されるに及び、キャピトルもこの異常な事態にようやく気づき、重い腰を上げた。一挙に4万ドルのプロモーション費用と、100万枚のプレスを決定したのである。同様に「I Want To Hold Your Hand」のアメリカでの出版権もMGMに安価で売られていたのだが、キャピトルが買い戻している。
こうしてビートルズ初のアメリカ公演が、やっと現実味を帯びてきたのである。

6 ビートルズ上陸前夜のアメリカ側の過熱

アメリカ上陸前夜

アメリカ公演の前哨戦としておこなわれたのが、フランスでの初のコンサートだった。その共演者としてシルヴィ・バルタン、トリニ・ロペスが名を連ねたが、後者のマネージメントをしていたのが、シド・バーンスタインの所属していた会社、ゼネラル・アーティスツ社だった。同社から派遣されていたマネージャー、ノーマン・ウェイスがビートルズのカーネギー・ホールでのコンサートの契約の詰め作業を、バーンスタインに代わっておこなっている。

実はバーンスタインはビートルズのコンサートに賭けて同社を退社し、個人のプロモーターとしてビートルズ・コンサートを開催しようとしていたのだが、ウェイスは好意からバーンスタインの代理として、カーネギー・ホール・コンサートの確約をエプスタインから取りつけたのだった。しかしウェイスは抜け目なく、ゼネラル・アーティスツ社の代表として、新たに2月11日のワシントン・コロシアムでのコンサートの契約も取りつけている。ワシントンDCでのビートルズ初のアメリカ公演の映像が、こうして後世に残されることとなったのである。

そしてフランスの地で得られた最大の収穫は、ビートルズとその側近、とりわけエプスタインが待ち望んでいたアメリカからの吉報だった。アメリカのヒット・チャートで「I Want To Hold Your Hand」が第1位を獲得したのだ。こうして彼らは意気揚々とアメリカへ向うことになる。

キャピトル・レコードのプロモーション戦略

一方、ビートルズの訪米を目前にして、アメリカ側でもキャピトルが空前のプロモーションを展開していた。

キャピトル・レコードが、シングル盤で「I Want To Hold Your Hand / I Saw Her Standing There」を1963年12月26日にリリースしたところ、ラジオ局からはオンエア用のプロモーション・ディスクの要請が引きも切らず押し寄せた。そのため、キャピトルでは、異例の3000枚のプロモーション・ディスクを緊急にプレスし、配付している。さらにビートルズの渡米までの期間のプロモーション用の素材として、ビートルズの各メンバーの顔写真入りバッジ、「The Beatles Are Coming!」のステッカー、販売店頭展示用のビートルズ・ポップ、そしてついには販売員用のビートルズかつらまで用意した。

「I Want To Hold Your Hand」の初回出荷は25万枚だったが、リリース後のバックオーダーはそれをはるかに上回っていた。何とリリース後の注文だけで100万枚を超えていたのだ。キャピトルでは自社のプレスだけでは間に合わないため、RCA、CBSにも発注、キャピトルでは昼夜休みなし3交代で工場を稼動させた。従来のアメリカのヒット・レコードの勢いをはるかに上回る、まさに前代未聞の売れ行きだった。

これらマーケットの異常事態に気づいたマスコミ各社がにわかに動き出した。ビートルズへの取材依頼がキャピトルに殺到したのである。これに対しキャピトルは、1月20日発売予定のアルバム『Meet The Beatles』収録の3曲とビートルズのインタビューを収録したEP盤『Open-End Interview With The Beatles』(Capitol PRO-2548/9)をテレビ、ラジオ各局に配付した（このEP盤は現在数十万円のプレミア価格が付いている）。

マスメディアの過熱報道

アメリカのマスメディアは、いったん商品価値を見出した報道ネタにはこぞって食らいつく傾向があるが、ビートルズ現象はまさにそれだった。

ビートルズに関して、CBSのエド・サリヴァンに先を越されたことを悟ったライヴァルのジャック・パールは、彼自身がホストを務めるNBCの番組『The Jack Pearl Show』の1月3日の放送で、エド・サリヴァンに先んじてビートルズの「She Loves You」の演奏シーンを放映した。実はこの前に一つの事件が巻き起こっていた。

ジャック・パールが入手したビートルズの映像は、ＢＢＣテレビのドキュメンタリー番組「The Mersey Sound」で放映されたものであった。実は、このシーンの利用に関してブライアン・エプスタインはまったく関知していなかった。『エド・サリヴァン・ショー』への出演前ということもあり、過敏になっていたエプスタインはこれを知って激怒する。エプスタインの怒りを知ったＢＢＣ側は、ＮＢＣに放送中止を求めて幾度となく交渉をおこなうが、ジャック・パールが取り止める訳がなかった。こうして１９６４年１月３日、アメリカで初めてビートルズの演奏シーンが放送されたのである。しかし結果的にはビートルズにとって絶好のプロモーションとなった。この翌週から「I Want To Hold Your Hand」がチャート・インしたのだ。

アメリカ中のティーン・エイジャーの間に急激に巻き起こっているビートルズ熱に、一般のマスコミが着目しない訳がなかった。『Newsweek』『Life』『Time』といった一般誌までもがビートルズを記事にし始めていた。それにより、良くも悪くも大人たちにもビートルズを認知させるという結果がもたらされた。

こうして「I Want To Hold Your Hand」は、『キャッシュボックス』誌全米シングル・チャート１９６３年1月10日付で初登場43位、翌週の1月17日付で一足飛びに1位に踊り出たのだ。

「SELTAEB」によるプロモーション

ビートルズ本人が到着する前から異常な過熱状態を目の当たりにして、キャピトルはさらにプロモーション費用を捻出し、総額は7万ドルにも及んでいた。

このビートルズ・アメリカ上陸騒動をより過熱させたのが、ニッキー・バーンという男だった。彼はビートルズの名を冠する商品の権利を一手に握っていた、セルティーブ（SELTAEB＝BEATLESの綴りを逆にしたもの）という名の会社を経営する男である。

もちろん、「BEATLES」という名称の商標権を所有していたのはネムズ・エンタープライズ（ＮＥＭＳ）だったが、１９６３年末以降次々と申し込まれるビートルズ商品のライセンス許諾を、エプスタインのみでは捌き切れなくなったため、弁護士のデイヴィッド・ジェイコブスに委託、さらにジェイコブスの手にも負えないほどになると、彼の知人であったニッキー・バーンにすべてが委ねられることになったのである。バーンはビートルズの商品を扱うための会社、ストラムサクトを設立、さらに実務をおこなうためにセルティーブを立ち上げたのだ。このセルティーブとの契約問題が、のちにエプスタイン最大の失敗の一つと言われるようになる。

エプスタインがセルティーブと結んだ契約は、利益の10％をビートルズ側に、90％をセルティーブにと、現在では考えられないほどセルティーブに有利なものだったのだ。当時ポップ・スターのマーチャンダイジングに関してはどこも大差ない額ではあったのだが、ビートルズに関するビジネスが、従来のミュージック・ビジネスとは桁が違うものとなるとエプスタインが気づいた頃には後の祭りだった。

バーンは、ビートルズに先立って渡米し、米国内の商品化の取りまとめをおこなった。多くの会社の社長がバーンを訪れ、契約交渉の順番を待つ列が引きも切らなかった。これを知ったキャピトルはセルティーブを50万ドルで買い取ろうとバーンに粘り強く交渉をおこない、ついにはバーンが自動車好きであることを知りフェラーリの現物を用意することまでしたのだが、結局バーンはキャピトルの申し出を断わっている。

そのバーンが、ビートルズの到着に合わせたプロモーション作戦を練っていた。その計画を遂行するために彼はキャピトルと交渉するが、先の諍《いさか》いの煽《あお》りを食らったかたちで拒否される。その計画とは、ビートルズ到着時の空港に大勢のサクラを雇って歓声を上げさせるというものだった。バーンは結局キャピトルに代わってこれを実行している。彼はニューヨークのラジオで、ビートルズの到着を迎えにきた者全員にビートルズTシャツを無料でプレゼントする、と呼び掛けたのだ。実際にこの効果がどれほどあったか定かではないが、2月7日のケネディ空港には数えきれないほどの「ビートルマニア」が大歓声でビートルズを迎えたのだった。

アメリカ上陸への最高のタイミング

ビートルズがまだ上陸していないにもかかわらず、アメリカにおいてビートルマニアが急増したのは何故だろう?　そこにはマスメディアの力が大きな役割を果たしていた。

メディアもアメリカ国民もこの時期、明るいニュースを求めていた。わずか2ヶ月半前、ケネディ大統領暗殺という世紀の大事件が引き起こされ、まだアメリカの社会に暗い影を落としていたのである。その影を払拭するには、ビートルズは好都合のニュースであった。当時の大人たちからしてみれば、イギリスの片田舎から出てきた珍妙な連中が馬鹿騒ぎを巻き起こしている、という程度の面白可笑しく伝えられるエピソードに過ぎなかったのだ。しかしベビーブーマーたちには、それが神の啓示のごとく映ったに相違ない。まったく新しいかたちのアイドルに、ベビーブーマーの多くが心を奪われたのだ。前述した通り、まさにテレビメディアによるバンドワゴン効果と単純接触効果がもたらした影響と言えよう。特筆すべきは、バンドワゴン効果を盛り上げたのが、扇動とも言えそうなほどにビートルズをオンエアし続けたDJたちの、オピニオン・リーダーとしての働きであった。言うなれば天の配剤とも言えそうな、最も効果的な時期に、最も効果的な方法でメディアに取り上げられたことが、ビートルズに大きく幸をもたらしたのだ。

しかしビートルズが話題性だけの存在ではなかったことが、アメリカ上陸後に証明されることになる。

7 アメリカ、ビートルズに陥落

アメリカ上陸

1964年2月7日イギリス時間午後2時30分、2000人のファンの見送りのなか、ビートルズを乗せたパンアメリカン航空101便はロンドン空港を離陸。2日前に先乗りをしたNEMSの広報担当ブライアン・サマーヴィルを除くビートルズのスタッフ、マネージャーのブライアン・エプスタイン、プロデューサーのジョージ・マーティンと彼の秘書ジュディ・ロックハート・スミス（のちにマーティンの妻となる）、ロード・マネージャーのニール・アスピナール、マル・エヴァンス、ジョンの妻シンシア、カメラマンのデゾ・ホフマン、そして数人の記者たち（『リヴァプール・エコー』紙のジョージ・ハリスン、『イヴニング・スタンダード』紙のモーリン・クリーヴ等）が同乗していた。そして何故かアメリカの著名レコード・プロデューサー、フィル・スペクターもビートルズと同じファースト・クラスに搭乗していた。彼はこの日の別の便で帰国することになっていたのだが、独特の嗅覚でビートルズとともに帰れば注目を集められる、さらにビートルズと個人的に知り合うことも悪くないと考え、急きょ同乗することにしたのだった。機上でスペクターと最も親し気に会話をしていたのはポールだったのだが、のちの『Let It Be』のプロデュースをめぐるスペクターとポールの確執を考えると、何やら因縁を感じてしまう一幕だ。

同年2月7日アメリカ時間午後1時20分、ビートルズを乗せたパンナム機は9時間の旅を終え、ケネディ空港に着陸した。機内でのビートルズは、アメリカに対する期待よりも、「何でもあるアメリカが本当に我々を必要としているのだろうか」という大きな不安に苛まれていた。しかし、彼らを出迎えたのは、3000人とも5000人とも言われるティーン・エイジャー（しかも99％が女性）による、これまで聞いたこともないような大歓声だった。彼らはその歓声が誰に向けられたものか戸惑っていたが、プラカードに書かれた「Welcome The Beatles」「We Love The Beatles」等の文字をみた瞬間、機上での杞憂が雲散霧消した。当初、彼らの到着時間は極秘とするはずが、ニューヨークのラジオ局WINSのDJ、マレー・ザ・Kが彼らの機のフライトナンバーまで電波に乗せてしまったのだ。それ以降、すべての局が彼らの出迎えを煽り始めた結果、この大群衆となったのであった。

アメリカ・メディアを手玉に取る

ビートルズ一行は、先乗りしていたブライアン・サマーヴィルに導かれて税関での荷物チェックを終えてから、メイン・ターミナルの1階にあつらえられた特設記者会見場に直行した。ここに集まった記者200人を仕切るのは至難の業であったことだろう。実際にいくら静めようとしても聞く耳をもたない記者たちに、サマーヴィルはついに「黙れ」とマイクで叫んだほどだ。この場にはキャピトルの社長、アラン・リヴィングストン以下大勢のキャピトル・スタッフが詰めていたが、ビートルズと同行したジョージ・マーティンは彼らキャピトル勢によってビートルズから引き離された。キャピトル側は「ビートルズはキャピトルのレコーディング・アーティストである」と公言していた手前、彼らのアメリカ・デビューに関して、キャピトルに煮え湯を飲まされてきたことをマーティンに暴露されたくなかったのだろう。

こうして大混乱のなか、記者会見が始まった。記者たちはビートルズをやり込めようと意地の悪い質問を繰り出してきた。

記者「何かここで歌ってくれますか?」
ジョン「まずお金が先」
記者「アメリカで髪を切りますか?」
ジョージ「昨日切ったよ」
記者「ベートーヴェンをどう思う?」
リンゴ「好きだよ、特に歌詞が」
記者「デトロイトでのビートルズ排斥キャンペーンをどう思います?」
ジョン「デトロイト排斥キャンペーンを起こそう」
記者「あなた方の成功の秘密は?」
ジョン「わかってたらグループのマネージャーをやってるさ」

なかでも白眉の答えが、ジョンから発せられている。「最も興味のあるものは?」という問いに「ボ・ディドリーとマディ・ウォーターズ」と答えたのだが、アメリカ記者はそれが人の名であることさえわからなかったことに対して、ジョンは「自分の国のことも知らないの？」と言ったという。これがまさに当時のアメリカの音楽界における黒人の現状を表していた。

皮肉な質問を巧みに切り返した彼らの機知に、記者たちのほとんどはたちまちビートルズに魅せられていった。パーロフォンのオーディションでジョージ・マーティンをたらし込んだ彼らの魅力は、ここでも十分に機能したと言えよう。気難しい記者たちを味方に引き入れたことは、彼らにとって大きなメリットとなった。なかでも最も巧くビートルズに取り入ったのがニューヨークのラジオ局ＷＩＮＳのＤＪ、マレー・ザ・Ｋだった。会見場で、ジョージが目敏くマレーの帽子に目を付けて誉めたところ、マレーがそれをジョージにその場でプレゼントしたのだ。これ以降マレー・ザ・Ｋの果たした役目は大きく、ビートルズ・ファンのベビーブーマーたちを扇動するオピニオン・リーダー役となったのだ。

『エド・サリヴァン・ショー』出演の影響

この喧噪をともなった大混乱は、彼らが帰国するまで続くことになるが、そのハイライトとなったのが、『エド・サリヴァン・ショー』への出演であった。

当時のアメリカの人口の60％に当たる７３００万人がこの放送をみたという、桁外れの数字を叩き出した。彼らの出演場面にアメリカ中の若者が目を奪われたこともあって、青少年の犯罪がほとんどなかったという伝説的な逸話も作った。

実際、アメリカのベビーブーマーたちは、このときの出演によってビートルズに対してどのような感覚をもったのだろう。

当時のティーン・エイジャーが、ビートルズを実際にどのように感じ取っていたかを顕著に示した好例がある。1962年にキャピトルからメジャー・デビューしていたアメリカの人気バンド、ビーチボーイズがビートルズを意識したのは1964年1月のことだった。ニュージーランドをツアー中だった彼らに、ビートルズが「I Want To Hold Your Hand」で1位を獲得したというニュースが届いた。ラジオでその曲を聴いた時にリーダーのブライアン・ウィルソンは「シンプルだがおもしろい」と感じたと語り、ビートルズに対するライヴァル心を掻《か》き立てられるが、メンバーで末弟のカール・ウィルソンは何と自分の部屋にビートルズの写真を貼っていたというのだ。カールはまぎれもなくビートルズ熱に冒されていたのだ。当時ブライアンはポール・マッカートニーと同い年の21歳（誕生日も6月20日生まれでポールとわずか2日違い）だったが、カールはまだ17歳。当時のアメリカの人口分布で最も多い年齢層がまさに17歳だったのだ。彼らは、イギリス同様に第二次世界大戦後のベビーブームによって生まれた世代。ビートルズはこの世代にまさにシンクロしたのだった。

『エド・サリヴァン・ショー』への出演では、彼らのエキセントリックなルックスと言動、わかりやすくインパクトのある楽曲がベビーブーマーたちをまさに直撃したのである。

エド・サリヴァンと
(©Globe Photos Inc. /ALPHA/amanaimages)

その効果は絶大であった。この後、彼らがＶＪレーベルでリリースした「Love Me Do」「Please Please Me」、スワン・レーベルでリリースした「She Loves You」なども１曲チャートを昇り始め、１９６４年４月４日付ビルボード・シングル・チャートで１位から５位までビートルズが独占するという、驚くべき快挙を達成するのである（１位「Can't Buy Me Love」、２位「Twist And Shout」、３位「She Loves You」、４位「I Want To Hold Your Hand」、５位「Please Please Me」）。

ブライアン・エプスタインがアメリカ攻略のために目論んだ「『エド・サリヴァン・ショー』に出演させる」というプロモーション戦略は、彼の予想をはるかに上回るまさにモンスター的な効果を上げたのだ。わずか２週間の滞在ながら、まさにビートルズの侵攻にアメリカ全土が屈服した瞬間だった。

8 ビートルズのアメリカでの成功の意義

ビートルズにとってアメリカでの成功とは？

１９６０年代初頭当時のアメリカは、ポップ・ミュージックの最大の発信地であり、アメリカでの成功が世界的アーティストへの道の第一歩だった。アメリカでの成功は、これまでとは比較にならないほどの大きな収入を約束するものだったが、同時にそれ以上に大きなステータスをビートルズにもたらしていた。イギリスの片田舎から出てきた、労働者階級の生意気な若者が、瞬く間に特権階級の仲間入りしたのである。これにより、彼らの担う役割は従来とは比較にならないほど巨大なものになっていった。ロックンロールというたんなるポップ・ミュージックの一ジャンルを、たんに「ロック」と呼ばれる文化にまで引き上げる、その大役がビートルズに担わされたのだ。

この後ビートルズは日々目覚ましい進歩をし続け、底知れないほどのアーティスト性を発揮し始めることになるが、肥大するばかりの彼ら自身の商品価値を後ろ盾にして、レコード制作に関するイニシアティヴをもレコード会社から勝ち取ることになる。

ポピュラー・ミュージック界への影響

ビートルズがもたらしたアメリカでの桁外れな成功は、レコード会社をも動かした。キャピトルに倣えとばかりに、アメリカ中のほとんどの大手レコード会社がイギリスのバンドに一斉に目を向け始めたのだ。それによって「ブリティッシュ・インヴェイジョン」と呼ばれる一大ムーヴメントが巻き起こる。

ブリティッシュ・インヴェイジョンの本質は、イギリスのバンドが大挙してアメリカ市場になだれ込んだという現象のみを捉えがちだが、実際にはアメリカのレコード会社がビートルズの分け前を横取りしようと、イギリス中のバンドを、ビートルズを模したプロモーション方法で売り出した一大セールス戦略の結果なのである。だが、実際にビートルズに比肩しうるアーティストは数えるほどしかなく、その多くは短期間に消えていった。

しかしブリティッシュ・インヴェイジョンの影響は、その後のアメリカ、そしてイギリスのポピュラー・ミュージック界の行く末を大きく変えていくことになる。このビートルズの空けた風穴があればこそ、実際に才能のあるイギリスのアーティストたち、ローリング・ストーンズやザ・フー、クリームなどのロック・バンドが活躍できる余地がアメリカ市場に生まれたのだ。

ビートルズによって、イギリスのポピュラー・ミュージックはアメリカと並ぶ世界スタンダードになり、加えてビートルズの成功によってバンド形態がロックの基本形となったことがポピュラー・ミュージック・シーンへの大きな貢献と言えよう。

そしてアメリカ市場にビートルズが果たした重要なポイントがもう一つあった。ブラック・ミュージックに対する偏見を払拭したことである。

１９５０年代のアメリカにおいて、ポピュラー・ミュージックの最大のターゲットは中産階級の白人であった。レコードが贅沢品であったことが最大の理由だった。ヒット・チャートさえも、白人向けの一般チャートと黒人向けのR&Bチャートに分かれていたのだ。しかしその後、アメリカ経済の好景気を背景に、所得の上昇、及びレコード普及による安価安定がターゲットの低年齢化をもたらし、ビートルズの成功を導いたのだが、そのビートルズが訪米中に黒人ミュージシャンへのリスペクトに何度も言及したことで、従来までの偏見が見直され始めたのである。特に60年代後半に最高潮の盛り上がりをみせたブラック・パワー運動にも同調する動きを、それに先んじて世に示したと言えよう。その流れのうえに、エリック・クラプトンのクリーム、そしてレッド・ツェッペリンなどのブルースの流れを汲むアーティストたちにも注目が集まる結果をもたらすことになる。

9 ビートルズ・ブームを創り出したもの

イギリスのベビーブーマーによるビートルズ・ブーム

ビートルズが短期間に、しかも急激にブームを作りえた最大の理由は、彼らがアイドルとして認知されていたということである。

本章では、彼らがアイドルとなりえた理由を検証してきたが、まずはビートルズを売り出すための最大のターゲットなるベビーブーマーが、一定年齢に達してポップ・ミュージックに興味をもつ時期と、ビートルズのデビュー時期が奇跡的にも一致したこと。この時期、ベビーブーマーは旺盛な消費意欲をもち、また総体として強大な購買力をもつにいたっていたが、ビートルズはそれを一手に引き受けることになる。

ビートルズがベビーブーマーから受け入れられた最大の理由は、そのシンプルさにあった。音楽性もストレートなロックであり、歌詞も単純でわかりやすく、何よりもそのメロディとサウンドに活気が漲《みなぎ》っていた。それまで全盛であったソフトなポップ・ミュージックを凌駕する勢いをもっていたのだ。

音楽はすべてがシンプルでストレートだが、そのルックスはそれに反して深みをもたせていた。ポールの可愛らしいベビーフェイス、ジョージのシャープなハンサムさ、ジョンの知性と狂気を秘めた神秘性、リンゴの物寂しさと陽気さを合わせもった少年性など、それぞれの個性とそのルックスがビートルズの総体として集まったときに、より個性的に輝くという不思議な性質をもっていたのだ。それをより強調していたのが、その髪型である。髪を伸ばして額を隠す髪型にしたことで、先にも述べたように実年齢よりも若くみえ、加えてユニセックス性が強調されたことで、ローティーンのベビーブーマーに強烈な印象を与えたのである。彼ら、あるいは彼女らの周りに類型のまったくない、新しいタイプの男性だった。ビートルズは、ベビーブーマーの女子たちの目には疑似恋愛の対象として、男子たちの目には憧れの対象として映ったに違いない。

加えて、リヴァプール訛りを隠そうともせず、彼らが労働者階級であることを自ら公言したことで、大半を占める労働者階級のベビーブーマーに強力にアピールしたのだ。と言うのも、イギリスは階級社会である。少なくとも１９６０年代初期には、階級差別は歴然として存在した。ビートルズは、英国の全人口の70～80％を占めると言われる労働者階級の子供たち、いわゆるベビーブーマーたちからの絶大な支持を得たのだ。これが１９６０年代を通じて、彼らが王座を守り続けることができた要因の一つになった。

アメリカのベビーブーマーによるビートルズ・ブーム

イギリスの場合と同様に、アメリカでもベビーブーマーが一定年齢に達して、ポップ・

ミュージックに興味を持ち始めた時期に、鮮烈にデビューしたのがビートルズだったという訳である。イギリスでも、アメリカでもそのタイミングの良さは神懸かっていた。

しかしイギリスの場合は労働者階級のベビーブーマーがそのメイン・ターゲットになったのに対して、アメリカでは中産階級のベビーブーマーがそのターゲットとなっていた。これは社会構造の差異に起因するものである。と言うのも、1950年代を通じて好景気を保ってきたアメリカ経済に支えられ、高所得を得られるようになった白人社会の多くが中産階級に編入され、その子供たちであるベビーブーマーが巨大な購買力をもつマーケットとなったからだ。

アメリカのベビーブーマーがビートルズに興味を示した理由は、音楽的にはやはりストレートでシンプルなロックンロールであったこと。さらにルックスに関してもほぼイギリスと同様の反応だったと思われるが、最も異なったのはファンを獲得したその速度だ。わずか1ヶ月の間に、雪崩を打つように急速にビートルマニアが増加し、瞬く間にビートルズはアメリカでも最大のアイドル・スターになっていたのである。やはりアメリカでも、ビートルズがアイドルとして認知されていたことが最も重要なポイントであった。そして彼らをこの短期間にスターに仕立てたのは、アメリカのマスメディアだった。

イギリスと比較して、商業性の強いアメリカのマスメディアは、視聴率・聴取率を取れるものであればすぐに飛びつく傾向が強かった。実際に1964年初めから、彼らマスメディアの人間にとって、視聴率が見込めるビートルズは最大のドル箱スターと言えた。それは彼らマスメディアとしての信条とは別物であっても、優先されるものだったのだ。また時期的にも奇跡的と言えるほどに絶好であった。と言うのも先述のとおり、アメリカ国内はビートルズの登場の数ヶ月前に起きたケネディ大統領暗殺という大事件の影響で、社会全般に沈鬱な空気が漂っていたのだが、マスメディアにとってはそれを一気に払拭する素材として最適だったのだ。すなわちマスメディア側とビートルズ側の利害が一致したのである。まさにエプスタインの思惑通りとなった訳だが、おそらく彼自身もここまでの成功を手に入れることができるとは思っていなかったはずだ。これによって、アメリカのベビーブーマーがマスメディアによって大きなムーヴメントを作りうることをビートルズ側は、少なくともエプスタインは理解した。この後、ビートルズのプロモーション戦略の主眼が、マスメディア対策に置かれることになっていく。

ビートルズを創り出した「時代」

こうして考察を進めると、いかにビートルズが絶好の時期にデビューしたかがおわかりだろう。すなわち社会的には、ターゲットであるベビーブーマーが旺盛な消費意欲と潜在的な購買力をもつ大きな層に育った時期であったこと。また、シングル盤とポータブル・レコード・プレーヤーの普及により、10代のベビーブーマーがかつて高級品であったレコードを手軽に購入できる環境が整ったこと。これはジョージ・マーティンの、ビートルズのシングル盤リリースに対する戦略の勝利であった。マーティンはターゲットであるベビーブーマーの存在を意識して、シングル盤に重きを置き、わかりやすくポップ感の強い曲を選定していたことが、ビートルズの成功を引き寄せた大きなポイントだった。

さらにマスメディアの発達、とりわけテレビの発達によって情報の伝達速度が格段に上がり、プロモーションの手法が一変したこと。これらの社会背景が整った時期にビートルズがデビューしたということが、いかに奇跡的だったかご理解いただけるだろう。

偶然なのか、神の配剤なのか、いずれにせよこの時期の奇跡的な事柄の連鎖を表す適切な言葉はみつからないが、まさに「時代」と言うべきなのかもしれない。これはまさにビートルズの時代の始まりであり、１９６０年代という20世紀でも夢と希望、そして挫折に満ちた時代の始まりであった。

〈ポリドール・レコーディング曲の詳細〉

1. *My Bonnie*（ドイツ語ヴァージョン・イントロ付）

スタンダード・ナンバーであるこの曲のレコーディングは、ポリドール側からの要望によるものと言われるが、トニーはジェッツをバックに従えたステージの段階で、すでにレパートリーにしていたということだ。アレンジはトニー自身がおこなったというが、ジェッツのギタリスト、イエイン・ハインツは自分が以前バックを務めたデル・ワードのためにアレンジしたと語っている。間奏部分のリード・ギターはトニー、歌のバックのリード・ギターはジョージが務めた。バッキング・コーラスとは思えないほどのポールのパワフルな歌声が聴き取れるのも、この曲の楽しみの一つだ。ギターは2本で演奏されているようなので、おそらくジョンが手拍子を叩いていると思われる。

2. *The Saints*

この曲も「My Bonnie」同様に、ドイツ人に良く知られたナンバーを、というポリドールからの要請に応えたもので、間奏部分のリード・ギターはトニー、歌のバックのリード・ギターはジョージが務めた。ビートルズの演奏はタイトにまとまっており、いわゆる「クォーリーメン・テープ」時期から1年間で飛躍的に力量を上げているのがわかる。

3. *My Bonnie*（英語ヴァージョン・イントロ部のみ）

イントロ部分のみを別録したもので、同曲の英語イントロ・ヴァージョンも独語ヴァージョンも、テンポアップした後は同一のテイクを編集で繋げている。この曲の独語ヴァージョンは、1962年5月にビートルズ関連では日本で最初にリリースされたシングル盤として知られている。

4. *Why*

トニー作のバラード・ナンバーだが、この曲のポイントはビートルズの三人による、みごとなコーラス・ワーク。またこの曲で、ジョンはギターを弾いておらず、ミドル部の手拍子を担当している。

5. *Cry for a Shadow*

トニーは入っておらず、ビートルズだけの演奏。1回目のハンブルグ巡業でステージをともにしたロリー・ストームがシャドウズの「The Frightened City」を好んでいて、それをビートルズに演奏させようとしていたのを逆手に取り、ビートルズは同じコード進行を使ってまったく別の曲に仕上げた。それがこの曲である。タイトルもシャドウズをパロディ・ネタにしているのがビートルズの面目躍如たるところ。ミドル部の元気の良いジョージのギター演奏に注目。そして同ミドル部のポールの華麗なリード・ベース・プレイにさらに注目。

6. *Nobody's Child*

オリジナルは、ハンク・スノーが１９４９年にリリースした古いカントリー・ナンバー。この曲にジョンとジョージは加わってはいない。所々でギターが２本入っているように聞こえる部分があるが、トニーがギターを弾きながら歌っており、ボーカル・マイクが小さくギターの生音を拾っているため、アンプからの音と重なって聞こえるのが原因だ。

7. *Ain't She Sweet*

ジーン・ヴィンセントが１９５６年にレコーディングしたヴァージョンが参考になっていると思われるが、１９６０年のヴィンセントのイギリス・ツアーのギタリストを務めたのがトニーであり、トップテン・クラブでのビートルズとの出演時にこの曲をレパートリーにしていたことは十分に考えられる。この録音はビートルズ側の強い希望で、トニー抜きのビートルズだけでレコーディングされ、ジョンが貫禄の歌声を聞かせてくれる。

8. *Take Out Some Insurance On Me, Baby*

オリジナルは、１９５９年にブルース・シンガーのジミー・リードがリリースしたナンバー。トニーとビートルズは、オリジナルに比較的忠実なアレンジで演奏している。この曲にはジョンは加わっていない。

9. *Sweet Georgia Brown*

オリジナルは、1925年に作者であるベン・バーニーが彼のビッグバンドとレコーディングしたジャズ・ナンバー。トニーとビートルズは、メリハリの効いたアレンジで徐々に盛り上がりをつけた見事な演奏を聴かせる。その最大の要因はビートルズによるバック・コーラスだ。この時期、トニーのバックを務めていたバンドからロイ・ヤングがピアノで参加している。

10. *Swanee River*

こういったトラディショナル・ソングはポリドールからのリクエストである。この日のレコーディング・シートによると、この曲の録音にはピアノのロイ・ヤングに加えて、サックスでリッキー・バーンズが参加している。

3章　新しい文化の創造者としてのビートルズ

THE BEATLES

世界最大のポップ・ミュージック・マーケット、アメリカを制したことで、ビートルズは世界中からの注目を集めるにいたり、強大な影響力をもつことになった。こうして文化の発信源としての立場を手に入れた。しかしビートルズの本当の凄みは、実際にその立場を十二分に駆使して、新しい音楽と文化を発信し続けたところにある。それがやがて1960年代の文化として定着するのだが、この章では、ビートルズの創造していった音楽と文化にスポットを当ててみたい。

1　ロック映画としての『A HARD DAY'S NIGHT』

1 初主演映画『A HARD DAY'S NIGHT』製作

映画出演契約までの経緯

前章でも言及したが、ビートルズの主演映画が短期間で決定したのは、マネージャー、ブライアン・エプスタインの熱意がリードした賜物だった。

エプスタインが、ユナイテッド・アーティスツ社（ＵＡ）とビートルズの主演映画制作に関する契約を結んだのは、１９６３年10月のことだった。当時エプスタインはアメリカへの進出を目論んでいて、そのターゲットとしていたのが『エド・サリヴァン・ショー』だったことは前章にて述べた通りである。交渉を少しでも有利に運ぶために既成事実として主演映画の契約を使いたかったので、エプスタインは契約を急いだのだった。そのために『A HARD DAY'S NIGHT』の契約に際し、エプスタインは驚くほどユナイテッド・アーティスツ社に有利な条件で締結しているのだ。その内容は次の通りである。

・映画の制作費は30万ドルで、そのうちのビートルズへの出演料は2万５０００ポンド（当時のレートで約７万ドル）。

・ビートルズへの利益配当としてＵＡ側では25％を用意していたが、エプスタインは７・５％で構わないと表明。
・ビートルズは３本の映画に出演する。
・映画に関する一切の権利は、15年間プロデューサーのウォルター・シェンソンが所有する。

上記の通り、エプスタインは利益配当を減額し、権利の一切を放棄するという、およそ考えられないような条件を自分から提示しているのである。いまでこそ、エプスタインのビジネス面での失敗は数多く露呈してきているが、それにしても映画出演に対する大盤振る舞いは常軌を逸している。それもこれも、エド・サリヴァンとの交渉を有利に運ぶための材料として、この映画契約を使いたかったためだった。

『A HARD DAY'S NIGHT』製作

ビートルズの映画とは言っても所詮アイドル映画だ、という腹積もりがＵＡ側にはあったはずだ。その意図は白黒映像にしたことなど、少ない制作費に象徴される。これまでアイドル映画となれば、スターと相手役女優のロマンスものと相場が決まっていた。しかし今回はバンドが主人公である。ＵＡ側もさぞ当惑したことだろう。結局ビートルズはビートルズ自身として登場させることにした。しかも、ストーリー性をもたせるのではなく、ドキュメンタリー風に作ることも決められた。まさに苦肉の策だったろう。

こうしてツアーの日々を送るビートルズに、脚本家のアラン・オーウェンが同行することになる。オーウェンはビートルズのツアースタッフとともに動き、彼らの個性を把握することに務めた。最終的に、知性派だが皮肉屋のジョン、可愛いが抜け目のないポール、無口だが口を開くと辛辣なジョージ、愉快だが寂しがり屋のリンゴというキャラクターが設定されることになる。これは実際にはフィクションではあったが、その後長くビートルズ自身のキャラクターと信じられる結果をもたらした。そこにビートルズ側の大きな不満もあった。すなわち、彼らの表面的な要素を掬《すく》い上げて、それらしい台詞を付けたイミテーションであると、本人たちは思っていたようだ。

しかしそういった本人たちの不満以上に、ビートルマニアという現象を捉えて、後世に語り継ぐ最高の資料となるという、大きな利点ももっていたのだ。本人たちの不満を差し引いてさえ、この映画の作品力や後世への影響力は大幅にプラスに働いていたと言えよう。

2 『A HARD DAY'S NIGHT』の影響力

絶大なプロモーション効果

映画『A HARD DAY'S NIGHT』は、1964年8月に公開され、ほぼ同時期におこなわれたビートルズ初の全米を廻るツアーと相俟《あいま》って大成功を収めている。この作品の成功は各方面に大きな影響を与えることになった。

まず第一に、すでにビートルマニアと呼ばれるファンにとっては、メンバーそれぞれの個性のエッセンスを詰め込んで作られた作品であるために、彼らの日常とライヴを疑似体験することができる絶好の素材となった。また、ビートルズ体験のないベビーブーマーやビートルズの同世代には、絶好のビートルズのプロモーション・フィルムとなっていた。

この映画にジョンはおおいに不満をもっていたと言われるが、メンバーそれぞれの個性を単純化したことで、誰にでもわかりやすく、かつビートルズを受け入れやすいものにしたことも確かだった。ビートルズは、この作品で新たなファンをも獲得することに成功したのである。

他のアーティストへの影響

ビートルズと同世代のバーズのロジャー・マッギンがその好例の一つとして挙げられる。1942年生まれのマッギンは、もともと1960年代初頭のフォーク・リヴァイヴァルにどっぷり浸かっていたが、映画『A HARD DAY'S NIGHT』をみたことでその方向性を転換し、アコースティック・ギターをエレクトリック・ギターに持ち替えたのだ。しかもそれは、映画でジョージ・ハリスンが使用していたリッケンバッカーの12弦ギターだった。それはそのまま彼のトレードマークとなった。彼らはビートルズ・スタイルでディランを歌うという手法を編み出したのだ。

また、ビートルズが最後のツアーをおこなった1966年、アメリカのプロデューサーによってビートルズのイミテーション・バンド、モンキーズが企画され、「Last Train to Clarksville」でデビューするが、同時に『ザ・モンキーズ・ショー』のテレビシリーズも放映が始まる。その内容は完全に『A HARD DAY'S NIGHT』を再現したような作風だった。ある意味で、この作品がロック映画のスタンダードとなった訳で、言い替えれば本当の意味での最初のロック映画と位置づけられると言えよう。

Episode 5

誰もみることのないビートルズ映画

①幻のビートルズ映画『アップ・アゲンスト・イット』

ビートルズの映画制作の全権を得たユナイテッド・アーティスツ社のウォルター・シエンソンは、『ヘルプ！』に続く3作目のアイデアをビートルズに提案し続けていた。1966年、シエンソンが持ち込んだ3作目の企画は「シェイズ・オブ・ア・パーソナリティ」と題された脚本だった。「四つの人格をもつ男」の話で、ジョンがメインの人格を演じ、他の3人が別の人格を演じる設定になっていた。この脚本を担当したのがジョー・オートンである。

ジョー・オートンは1933年レスター生まれ。奨学金を受けながら18歳で英国王立演劇学校に進んだが、そこで7歳年長のケネス・ホーリウェルと知り合う。やがて彼はホーリウェルと一緒に住むことになる。彼らはゲイの恋人同士となったのだ。

オートンは1960年代初めから脚本家として活動し、1963年の「エンタテイニング・ミスター・スローン」が認められ、劇場での上演のみならず、映画、テレビでもドラマ化された。続く「ロスト」も大成功を収め、新進若手劇作家として注目を集め出した頃、ビートルズの映画プロデューサー、ウォルター・シェンソンが彼に目を付けたのであった。

オートンの「シェイズ・オブ・ア・パーソナリティ」は、結局ビートルズの承諾を得られなかったが、彼の作品に強く印象づけられたシェンソンは、新たな脚本を依頼。それが「アップ・アゲンスト・イット」だった。脚本を気に入ったシェンソンは、早速エプスタインとの会食で、ポール立ち合いのもと脚本を手渡した。しかし1ヶ月後に突然ビートルズ側から脚本が突き返されている。コメントは一切なかった。これによりビートルズの第3作『アップ・アゲンスト・イット』は幻と消えた。失意のオートンは脚本を別の映画会社に売るが、オートンの死で映画化もされずに終わる。恋人であったホーリウェルによって殺害されたのだ。

「アップ・アゲンスト・イット」はその後、ビートルズの映画として作られながら未発表となった悲劇の作品として広く知られるようになり、1979年に書籍として出版された。それにより内容が明らかになったが、殺人あり、性描写あり、政治的な主張ありのブラック・ユーモア満載のコメディで、女性英国首相を主人公が暗殺して終わるというアナーキーな作品だった。ビートルズ側が回避したのも、この内容ゆえだと思われる。しかし出版されたのがパンクの波が押し寄せ始めた時期であり、パンク・ロッカーに興味を起こさせるのに十分な魅力をもっていたため、エドワード・ボール率いるザ・タイムスによって架空の映画のサウンド・トラック盤、その名もズバリ『アップ・アゲンスト・イット』が１９８６年にアルバム化された。さらに１９８９年にはオフ・ブロードウェイ・ミュージカルとして上演され、音楽はビートルズ・チルドレンの一人として名高いトッド・ラングレンが担当した。しかし１９８９年11月14日にスタートした上演も、１ヶ月後の12月17日に終幕を迎えている。

②幻と消えたビートルズ映画の数々

シェンソンは、その後も脚本をエプスタインに提案し続けた。次に彼が提案したのは西部劇だった。作家リチャード・コンドンによる「ア・タレント・フォー・ラヴィング」と題された脚本で、主人公のギャンブラーがメキシコ解放軍の将軍からポーカーで土地を巻き上げ、メキシコの大富豪の娘と結婚するという西部劇コメディであった。一時はビートルズもこの本を気に入り、彼らの3作目に決定と告知されたが、すぐにキャンセルされた。その後、この脚本は１９６９年にリチャード・クワイン監督により映画化され、リチャード・ウィドマークが主役を演じた。またビデオ化にあたり『ガン・クレイジー』という別タイトルで販売された。

次にシェンソンが提案したのが、アレキサンドル・デュマの古典『三銃士』である。ダルタニアンと三銃士をビートルズが演じ、コメディ・タッチに再構築するという企画だったが、残念ながらこれもビートルズ側から却下されて終わった。しかし監督をするはずだったリチャード・レスターがこの企画に興味を示し、1973年に『三銃士』として発表して成功を収め、さらに1975年に続編の『四銃士』、1989年には彼らの20年後を描いた『新・三銃士 華麗なる勇者の冒険』を発表するなど、この一連の作品が彼の代表作の一つとなっている。

ビートルズ側が大乗り気になった企画もあった。それが『指輪物語』である。のちに3部作で映画化した大作ファンタジーのあの話だ。ビートルズ側は本気で検討を重ねており、4人それぞれに役の振り分けまで考えていたほどである。彼らの望んだ配役は、ポールがホビット族のフロド・バギンス役、リンゴが同じくホビット族でフロドに付き従う庭師サムワイズ・ギャムジー役、ジョンはゴラム役、ジョージは魔法使いガンダルフ役を演じることになっていた。

この映画に対しては、特にジョンの入れ込みようが凄まじかった。この時期、ジョンはスタンリー・キューブリック監督の『2001年宇宙の旅』に心酔しており、この『指輪物語』をキューブリックに監督してもらおうとして、ジョン自身がキューブリックに面会を申し入れている。しかしこの会談は何の実りもなく終了。その後、彼らの間ではイタリアの映画監督、ミケランジェロ・アントニオーニに依頼する案も浮上していた。

しかし、実際にこの映画の版権を獲得する段階になって、原作者であるジョン・ロナルド・ロウエル・トールキンの代理人に問い合わせたところ、その1日前に映画の権利はすでに20世紀フォックス社に渡っており、ほんのわずかな差でUAはビートルズによる『指輪物語』の映像化を諦めざるをえなかったのだ。

こうしてビートルズの3本目の映画の企画はすべて幻と消え、ビートルズ側は製作が進みつつあったアニメーション『イエロー・サブマリン』を3本目とした。しかし結局、UA側では契約上のビートルズ映画であるとは認めず、契約履行は『レット・イット・ビー』まで待たねばならなくなったのである。

2　ビートルズの変貌の兆し

1 ロックンロール期からの脱却

初期ビートルズにおけるジョンとポールの役割分担

１９６４年のアルバム『A Hard Day's Night』はある意味で、ロックンロール・バンドとしてのビートルズの完成形だった。これ以後がロックンロールではない、ということではない。ロックンロールからロックへと進化するうえでの話である。

『A Hard Day's Night』はジョンのアルバムである。ポールによる印象的な「And I Love Her」や「Can't Buy Me Love」があったとしてもなお、ジョンのイメージで統一されたアルバムだった。収録曲13曲中10曲がジョンの曲であることをみても明らかだ。ではポールの力が劣っていたのかと言うと、実はそうではない。この時期においてさえ、ポールはジョンにとって必要なパートナーだった。

ジョンにとって最も必要だったのは、楽曲の細部まで完璧に仕上げる根気とアレンジ力だった。これはこの時期のジョンが持ち合わせていないものだったのだ。それを補っていたのがまさにポールである。ポールには、他ジャンルまでカバーする広範囲な音楽的知識と演奏力があった。これは初期のみならず、解散するまでポールが保持していた能力だが、最後期にはその能力によってポールが指図することが、ジョンにとって煩わしいものに変わっていったのは、何とも皮肉なものだ。

ロックンロール期の終焉とビートルズの変貌

ともあれ、『A Hard Day's Night』期のジョンは乗りに乗っていた。その意味で、ジョンがリードするロックンロール期のビートルズの完成形を、ここに見出すことができる。

しかし1964年後半に制作されたアルバム『Beatles For Sale』を聴くと、その様相が変わりつつあることに気づくだろう。愉快で騒がしいばかりの4人組の姿は影が薄くなったのだ。そのジャケット写真にさえ、イギリスの冬を思わせる陰鬱な表情の4人の顔が並んでいる。たとえばアルバムのトップに収録された「No Reply」は、もはやたんなる8ビートではない。そのドラムの刻むリズムは、何とボサノヴァである。スネアの入る位置を確認すると2小節で1パターンとなっていて、その8拍のなかで1拍目、2拍目の裏、4拍目、6拍目、7拍目の裏にスネアが入るボサノヴァの特徴をそのまま採り入れているのだ。ボサノヴァは、1964年にジャズ・サクソフォン奏者、スタン・ゲッツが、ブラジルのギタリスト、ジョアン・ジルベルトとダブルネームでリリースしたアルバム『ゲッツ／ジルベルト』のなかの1曲「イパネマの娘」(歌は、当時のジョアンの妻アストラッド・ジルベルト)が大ヒットして一般的になったリズムである。ビートルズは、早くもその年の暮れにそのリズムを採り入れているのだ。

そして「I'm A Loser」「I Don't Want To Spoil The Party」などで聴かれるジョージのギターは、明らかにカントリー・タッチであり、ギターもリッケンバッカーの12弦からグレッチのカントリー・ジェントルマンに替わったことで、サウンドの重心がやや低くなった観がある。

ビートルズは変わりつつあった。このアルバムではまだロックンロールと同居しつつも、変貌の兆しを見せ始めていたのだ。

その変貌の兆しがより明確になったのが、１９６５年のアルバム『Help!』からだった。

２「Yesterday」によって開かれた新しい扉

「Yesterday」登場

ポールの夢のなかに出てきたメロディを仕上げて「Yesterday」が完成したと言われるが、この時期のビートルズはロックンロール期から独自のロックを発展させ始めた時期に当たり、単純なロックンロール・ナンバーは影をひそめていた。もちろんバラードも新しい可能性の一つであったが、彼らのなかにはロック・バンドが軟弱なバラードを歌うことにわずかながらもためらいが残されていたのだ。その証拠に、この曲のレコーディングに弦楽四重奏を付けることに、当初ポールが難色を示したのだ。ジョージ・マーティンの説得により、ヴァイオリン等を入れることに納得したと思ったら、今度はヴァイオリンなどの弦楽器独特のヴィブラートはＮＧとポールが言い出す始末だった。何とかジョージ・マーティンの説得に応じたポールだが、いざ納得するとアレンジャーとしての才能にも恵まれていた彼はその本領を発揮して、弦楽器の主要なフレーズをポール自身がアイデアを出し、ジョージ・マーティンがそれを採譜して、アレンジしてまとめていく作業をおこなっていった。こうして完成したのが「Yesterday」だった。

「Yesterday」への好評価とその影響

英国ではビートルズの意を汲んで、「Yesterday」をシングルとしてリリースすることはなかったのだが、守銭奴と化した米国キャピトル・レコードはこの曲をシングルとしてリリースしていた。

しかし、このリリースは大きな成果を残した。ビートルズの新曲として、アメリカのヒット・チャートで４週連続ＮＯ．１を獲得する大ヒットとなったのだ。ファンはもちろん一般の人々にもビートルズはロック・バンドとして認知されていた訳だが、その彼らがバラードを歌ってさえ大きな成果を残せたことが、ビートルズにとって大きな転機となった。すなわち、ロック・バンドである彼らがロックンロールとは無縁の曲を歌ったとしても、彼らの曲として認知してくれる土壌がすでにあることを彼ら自身が知ったのである。

このことは、非常に大きな転換点とも言え、ロック・バンドであるビートルズはロックンロールを演奏しなければならない、という呪縛から彼ら自身を解放する切っ掛けとなり、事実これ以降ロックンロールの呪縛から解き放たれたビートルズは、変幻自在な新しい方向性のロックを生み出すことになる。

ポピュラー・ミュージック・シーンにおける「Yesterday」の真価

この曲の大ヒットは、ある意味ビートルズだけではなく、その後のロック・ミュージック自体を変革させる先駆けとなった。もちろん楽曲として、多くのカバーを生み出したとか、ローリング・ストーンズが「As Tears Go By」で同じ路線を真似たとかいう話ではない。

前段にて、「Yesterday」の成功によりビートルズはロックンロールの呪縛から彼ら自身を解放したと述べた。事実これ以降、呪縛から解き放たれたかのようにビートルズは、『Rubber Soul』『Revolver』そして『SGT. Pepper's Lonely Hearts Club Band』へと続く、変幻自在なビートルズの新しいロックを生み出すことになる。このことこそがロック界にも大きな影響を残したのだ。ロック・バンドがどんな曲を演奏しようと、その精神性がロックであるかぎりその本質を損なうものではないということを、ビートルズが証明してみせたのである。まさにそれは、ロックという言葉がポピュラー・ミュージックの一ジャンルであるだけではなく、精神性をともなう文化へと昇華したことを意味する。それをビートルズに気づかせたのが、「Yesterday」だったということである。

3 新しいミュージック・ビジネスの構築

一方、目を転じてショー・ビジネスとしてのビートルズの真価を検証してみよう。

[1] ビートルズによるレコード・マーケットの巨大化

世界一のアイドル・バンドのなせる業

電波メディア、新聞・雑誌メディア、そして映画のスクリーンにまで途切れることなく登場し続けたビートルズの露出効果により、１９６４年末には彼らはまぎれもなく世界一のアイドルとなっていた。全世界でのレコードの売上は天文学的な数字となり、レコード・マーケットを桁違いに拡張させていった。彼らのレコードの主たる購買層であるベビーブーマーたちの購買意欲を引き出し、その主力商品であったシングル盤のみならず、アルバムをもさらなる主力商品と言いうるまでに販売実績を伸張させたのだ。これによりレコード・マーケットは一挙に巨大化し、ビッグ・ビジネスと化した。

ビートルズの成功は、ポピュラー・ミュージック全体の底上げをもたらし、多くのアーティストたちにデビューのチャンス、スターとなるチャンスが与えられることになる。

ビートルズのレコード販売の実際の数字は？

少々余談となるが、現在ビートルズのレコード販売実績に関しては、もはやＥＭＩにおいてさえ正確な数字を把握することは不可能となっている。事実、ビートルズのレコード、ＣＤなどの記録媒体は、現在でも売れ続けている。現在記録に残っている彼らのアルバムやシングルの販売数は、発売当時に発表されたものである。しかし現在までにその数百倍、いや数万倍が販売され続けている訳であり、それらは一切加算されていない。ビートルズ以降のアーティストがビートルズのレコード販売数を超えたとの宣伝文句は何の意味ももたないのだ。ポピュラー・アーティストで、過去と同じアルバムが現在でも売れ続けている者が他にいるだろうか。たとえばマイケル・ジャクソンの『スリラー』がその当時にいかに売れたとしても、現在でもビートルズと同じように売れ続けていると言えるのだろうか。

これだけみても、彼らの桁外れの人気のほどが理解できよう。論点がズレたことはご容赦いただくとして、１９６４年の時点で彼らは押しも押されもせぬ世界一の「アイドル」バンドとなっていて、その結果としてレコード・マーケットが巨大化したことはまぎれもない事実なのだ。

2 ショー・ビジネスとしてのロックのビジネス・モデルを創造

1965年北米ツアー

一方、興行面からみてもビートルズは桁外れな活躍をみせている。

1964年夏のビートルズの北米ツアーは桁外れの興行成果を上げて、彼らの底知れない人気を証明したが、会場に入れずに彼らのチケットを求めるティーン・エイジャーたちを多数生み出す結果を招いた。すなわち、従来までの会場規模でのコンサートでは、捌ききれないほどの観客を収容する会場が必要だったのだ。

その反省点から1965年のツアーでは、考えうる最も巨大な観客収容施設である野球場が使われることとなった。ニューヨーク、シェイ・スタジアムでのコンサートがそれである。大規模会場を使ったロック・コンサートはいまや普通のことだが、ビートルズ以前は存在さえしなかったのだ。ショー・ビジネスにおいてビートルズの成し遂げた最大の功績の一つが、まさにここに集約されている。

ビートルズがロックのビジネス・モデルを完成

ビートルズの前代未聞の人気は、数百人を収容する会場を廻る従来までのエンターテインメント・ツアーとは比較しようもないほどに興行ビジネスを拡大させたのだ。そして、ポピュラー・ミュージック・マーケットを数百倍、数千倍にまで拡大させ、それをビジネス・

モデルとして完成させたのがビートルズだったのだ。巨大施設での大コンサート、世界規模にまで拡大したレコード・マーケット、マーチャンダイジング、プロモーション・ビデオ、これらのビジネス・モデルはすべてビートルズから始まっている。ビートルズがいなければ、現在のショー・ビジネスとしてのロックはありえなかったのだ。

しかしビートルズにとってこの過酷なツアーは、やがて大きな負担となっていくことになる。アイドルであることと、アーティストとして成長していくことのギャップを感じ始めることになるのだ。それがやがてツアーを取り止める結果を招くことになる。

4　ロックンロールからロックへ

1 新たなロックの芽生え

『Rubber Soul』登場！

「Yesterday」の成功により、これまで以上に自由な発想によって曲作りを始めたジョンとポールは、その能力をフルに発揮し始めていた。特に自由度が増したことにより、ポールへの足枷が取れたようで、ジョンとポールの作曲に関する力関係が拮抗し始めた。これがお互いのライヴァル心を煽り、そのパワーを極限まで高める役割を果たし始めたのである。これ以降の数作に関して、ジョンとポールの二人は神懸かった活躍を見せ始めるのだが、その最初の作品が１９６５年暮れにリリースされたアルバム『Rubber Soul』だった。

このアルバムは、ビートルズが変貌し始めたことを我々に知らしめた作品となった。ほんの１年前の愉快な４人組の姿はそこにはなかった。『Rubber Soul』を初めて聴いたときの、ビーチボーイズのブライアン・ウィルソンの感想が、当時の本アルバムへの大多数の評価を物語っている。アルバム全体が意味のある曲で埋められている、といった意味の言葉をブライアンが語っているのだ。『Rubber Soul』に触発されたブライアンは、のちに『Pet Sounds』を作り上げることになる。

ブライアンが語ったことは、従来までのアルバムのありかたを物語っている。1960年代初期まで、すなわちビートルズが出てくるまでは、アルバムはヒットしたシングルをネタにしてもう一商売するための材料に過ぎなかったのだ。実際には、その当時アルバムは高額品であり、大量消費材にはなりえなかったのだが、その価値を変えたのがビートルズだった。ビートルズがシングルと同様にアルバム・セールスまでも拡大したことで、アルバムの地位をシングルの余録から、完璧なビジネス素材にまで引き上げたのである。

キャピトル・レコードとの確執

イギリスにおいてビートルズのレコードをリリースしていたのはEMI傘下のパーロフォン・レーベルだが、その責任者であったジョージ・マーティンの深い理解によって、アルバム制作に関してもビートルズの意思を大きく反映させることができた。しかしアメリカではビートルズの思い通りには行かなかった。アメリカでのビートルズのレコードのリリース元であったキャピトルは、ビートルズの意図など意に介さず、従来までの手法でアルバムを勝手に編集していた。ヒット曲を中心にして、適度な曲数を揃えて体裁を仕上げるという手法である。英国では通常1枚のアルバムに14曲を収録していたが、キャピトルでは12曲、ないし11曲とし、余った曲を集めてまた別のアルバムを作るというほどの商魂逞《たくま》しさをみせている。ビートルズ側はこのキャピトルの遣り口を苦々しく思っていた。

しかしこのキャピトルの臆面もないやりかたは、1966年まで続くこととなり、その決定盤とも言えそうな『Yesterday And Today』をリリースすることとなった時点で、ビートルズも反撃に移っている。そのジャケット写真のフォト・セッションでは、白衣を着たビートルズの4人が、人形の首などとともに生肉を置くなどして屠殺人に扮《ふん》しているのだ。この悪趣味な扮装は、ビートルズのアルバムを切り刻んで売り物にするキャピトル・レコードへの強力なしっぺ返しだった。結局、さすがのキャピトルさえも、『SGT. Pepper's Lonely Hearts Club Band』以降は、ビートルズのオリジナル・アルバムを崩すことなくリリースすることとなる。

アーティストとレコード会社との力関係は、ビートルズ以前では完璧にレコード会社側にアドヴァンテージがあったのだが、ビートルズの圧倒的なレコード販売による利益は、さすがのキャピトルをも黙らせるには十分だったのだ。

そんなキャピトルを意識した訳ではなかったのだが、アルバム全体のクォリティが格段にアップしたのが、『Rubber Soul』だった。このアルバムも、アメリカでのリリースに当たって手を加えられるのだが、これまでの手法とは根本的に異なっていた。アメリカ版『Rubber Soul』からは、シングルを中心としたアルバムという観点では制作していないのである。逆にシングルとなりそうな曲を抜いているのだ。それでもアルバムとしてクォリティを保ちうる完成度だったからである。キャピトルがたんなるアイドル・バンドとして認識していたビートルズが、ただ者ではなかったことを理解し始めた作品が、まさにこの『Rubber Soul』だったのである。

[2] ロックンロールとの決別

『Rubber Soul』でのビートルズの変貌

では『Rubber Soul』が従来までのビートルズのアルバムと、どこがどのように異なっていたのか。まず気がつくのは、ロックンロールと素直に呼べる楽曲が影をひそめたことである。従来までのビートルズであれば、ロックンロール的な楽曲かバラードか、といった分類が容易に可能な楽曲揃いだったのだが、このアルバムでは、もはやその2つの類型だけでは分類が不可能なことは明白だった。

メロディ面、歌詞面、アレンジ面、それぞれのサイドからこのアルバムを分析してみると、一筋縄では行かない曲揃いであることがわかるだろう。たとえば1曲目の「Drive My Car」ではファンク的要素を採り入れ、2曲目「Norwegian Wood」ではエイトビートを離れて3拍子、かつインドの弦楽器シタールを採り入れている。3曲目の「You Won't See Me」が最も従来までのビートルズの楽曲に近い。4曲目「Nowhere Man」では恋愛以外を扱った歌詞面で長足の進歩をみせ、5曲目のジョージの作品「Think For Yourself」ではポールがベースにファズをかけるという離れ業を披露し、6曲目「The Word」でもファンク色を採り入れている。7曲目「Michelle」ではシャンソンをさり気なく採り入れ、8曲目「What Goes On」ではカントリーを採り入れた。9曲目「Girl」ではギリシャの弦楽器ブズーキを模した奏法のギターを採り入れ、その歌詞では大胆にもキリスト教を題材の一部としている。

10曲目「I'm Looking Through You」では、メロディそのものはポップだが、アコースティック・ギターで刻まれるリズムは、ウディ・ガスリーやボブ・ディランなどの古きフォーク・ブルースの香りが漂う。しかしおそらくポールは、それらフォーク・ブルースのルーツであるアイリッシュ・ミュージックから直接受けた影響によって、この独特な弾き方を覚えたものと思われる。さらに11曲目の「In My Life」では、リヴァプールを題材にした歌詞を生み出し、バロック風のピアノを挿入している（これはジョージ・マーティンの功績だろう）。

そして12曲目「Wait」は、比較的古い時期のビートルズ・サウンドだが、それもそのはず、曲数が足りなかったことから以前の楽曲を引っ張り出してきたとのこと。13曲目のジョージの「If I Needed Someone」では、映画『A HARD DAY'S NIGHT』を参考にしてバーズが生み出したフォークロックを逆輸入している。そして14曲目の「Run For Your Life」は、1年前のビートルズの雰囲気を残した曲に仕上がっているが、歌詞のなかの「I'd rather see you dead, little girl / Than to be with another man」の部分はエルヴィス・プレスリーの「Baby Let's Play House」の歌詞の一部をそのまま拝借したもの。この曲は、アルバム中で唯一のロックンロール・ナンバーと言え、この歌詞もプレスリーへの敬意の表れと言えそうだ。

大雑把ながら、こうして1曲ずつ確認していくとみえてくることがある。第一に、彼らがロックンロールの呪縛からは完全に解き放たれているということ。第二に、彼らがどれほどさまざまな音楽を聴いているかが窺い知れること。同世代のアーティストたちの作品からワールド・ミュージックまで、その幅の広さはまさに驚異的であり、それを実際に自分たちの音楽に採り入れるとなるとなおさらである。これは彼らが世界的な名声を得たことで、世界ツアーが可能となり、多くのアーティストと接触できる機会が増えたことも大きな要因の一つとなっている。

そしてビートルズに変貌をもたらした要因は、もう一つあった。それが、アメリカ西海岸を中心に盛り上がりつつあったドラッグ・カルチャーの波であった。

ドラッグ・カルチャーの洗礼

ドアーズのオルガニスト、レイ・マンザレクが『Rubber Soul』のアルバム・ジャケットをみて、こう言っていた。「あのジャケットのデザインをみて、ビートルズもこっち側の奴らだったとわかった」。この言葉の意味するところは、ドラッグ・カルチャーに浸った者かどうか、ということだ。『Rubber Soul』のジャケットは、当時の彼らの専属カメラマンだったロバート・フリーマンによるものだが、ジャケットに使う写真選びの際に、ボール紙をスクリーン代わりにしてフィルムを映写していた段階で、ボール紙が歪み、あのような映像となったのをビートルズが喜び、再現したものだったが、ドアーズのレイ・マンザレクはドラッグでハイになった感覚を表現したものとして捉えたのだ。そして、それはまさに真実だった。

ビートルズがドラッグを初めて服用したのは、彼らのデビュー以前のハンブルグ時代に溯る。その時期、彼らは一晩8時間にも及ぶ演奏をしなければならず、目を覚ましておくためにクスリを飲んでいたのだ。その行為は楽しみのため、あるいはインスピレーションを得るためのものと言うよりも、単純に覚醒作用を得るためであった。その体験が、のちの彼らに薬への抑制心を緩和させる役割を果たした。

ビートルズが実際に初めてマリファナを体験したのが、1964年夏の全米ツアーのときのことで、彼らを訪ねたボブ・ディランが持ち込んだと言われている。当時ディランに心酔していたジョンには、魔法の煙草とみえたかも知れない。おそらくすぐに飛びついたはずだ。

やがて、その効果は「バックビートを効かせた8ビートの楽曲」でなければビートルズに持ち込めない、という暗黙の呪縛から彼ら自身を解き放つ一助となったことだろう。彼らがアメリカのドラッグ・カルチャーの洗礼を受け始めていた証と言えよう。

『Rubber Soul』に始まったロック改革

こうして1965年暮れに発表されたビートルズのニュー・アルバム『Rubber Soul』は、待望の新譜作品ということで、多くの人々が待ち望んでいたものだったが、ファンの一部には従来までの明るく楽しいビートルズではなくなっていることで戸惑いを与え、多くのロック・アーティストたちに驚愕を与えつつも、ヒット・チャートの首座を独走した。そして前述の通りビーチボーイズのブライアン・ウィルソンをはじめとして、多くのアーティストたちに多大なる影響を与えていた。

『Rubber Soul』で最もビートルズが変わりつつあることを感じさせたのは、その音楽性が一挙に広がったことだろう。従来までのビートルズのロックンロール・バンドとしての自己規定を取り払ったことで、さまざまな音楽の要素を取り込むことが可能となり、それを一般大衆が是認することでロックの範囲が拡大していったのだ。ビートルズがその姿勢を鮮明にしたことで、多くのロック・バンドがその方向性に追従した。その時点で、ロックンロールと呼ばれるジャンルは、より広義な意味をもつ「ロック」に吸収され、その一ジャンルに過ぎない存在となったのだ。

ビートルズの成し遂げたことは、ロックの可能性を大きく広げ、柔軟性を備え、しかも思想性をもったジャンルとして定着させる役割を担ったということである。ビートルズの真の存在価値はまさにそこにあった。

『Rubber Soul』の底流に流れる危険な因子

実はビートルズの音楽性の広さは、ジョンとポールの二人の音楽性の違いに起因していた。そして、二人の音楽性の相違は『Rubber Soul』以降、次第にはっきりとしてくる。ジョンは独自のコード進行の追求へと向かい、一方ポールはポップ感をより洗練させたロックを追求することになる。音楽性も対極と言えるほどに異なりながら、ビートルズの名の下に同居することに違和感を感じさせない、独自のビートルズ・サウンドを創り出していくことになるのだ。その分岐点となったのが、まさにこの『Rubber Soul』だった。

このアルバムでのビートルズの変貌の裏には、ある危険な因子が生まれつつあった。それは、その後の彼らのたどった道筋を確認したときにみえてくる。その因子こそ、最終的にビートルズを解散に追い込んだものであった。

その端緒となったのが、乖離し始めたジョンとポールの音楽性であり、それがのちに彼らを解散へと導く遠因となっていた。それに関しては本書の後章にて追々説明していくことになる。

5 カウンター・カルチャーとしてのロック

1 サイケデリックとビートルズ――『Revolver』への道程

アメリカ社会とドラッグ

ドラッグがアメリカ社会に入り込んできたのは、1950年代のビート・ジェネレーションたちのビート文学に負うところが大きく、アメリカ西海岸、とりわけサンフランシスコを中心に、新しい文化の一つとして定着していった。さらに元を辿ると、ジャズ・ミュージシャンの間で、インスピレーションを得るために服用していたものを、ビート・ジェネレーションの作家たちが模倣し、実践していったものだった。彼らのドラッグ体験はビート作家たちの著書に著された。ジャック・ケルアック『路上』、アレン・ギンズバーグ『吠える』、ウィリアム・バロウズ『ジャンキー』などがその代表格だが、ベストセラーとなったそれらの著書を経て、アメリカの若者たちはドラッグを文化として受け入れていったのだ。

ビート作家たちは、サンフランシスコで共同生活を営み、その地を中心にドラッグ・カルチャーが定着していったのだが、1960年代半ばにおいてその文化を引き継いだのがヒッピーと呼ばれる、社会からドロップアウトした中産階級のベビーブーマーたちだった。

ヒッピーについては後述する。

ロックとアシッド

一方、1960年代初頭、ハーバード大学の心理学の教授、ティモシー・リアリー博士が、LSD体験による人格の変容を研究し、従来までの心理学に一石を投じた。リアリーによると、この薬は瞬時に自己を洞察できる体験をもたらすとされていた。これに興味をもったのが、ビート詩人のアレン・ギンズバーグで、彼はリアリー博士を訪ね、自らLSD（アシッド）によるサイケデリック体験を申し出た。ギンズバーグは、国家間の戦争や冷戦、階級闘争などを生み出す偏狭な社会のしくみや情勢を、ドラッグ体験がもたらす共感が変えうると主張、すなわちドラッグがラヴ&ピースをもたらすと主張したのだ。ヒッピーに引き継がれたのはまさにこの思想だった。

ロックとアシッドを直接的に結びつけたのは、グレイトフル・デッドだった。彼らはビート・ジャネレーションから大きな影響を受けていて、ビート作家たちのドラッグ体験、とりわけアシッド体験を音楽に採り入れた最初のアーティストとなった。

1964年のビートルズ旋風とそれに続くブリティッシュ・インヴェイジョンの影響により、アメリカでも多くのバンドが誕生したが、それらのバンドのなかでも、西海岸のバンドが特異なムーヴメントを形成しつつあったのだ。

ビートルズとLSD

1965年当時、サンフランシスコを中心にアシッドを体験したミュージシャンが集い、特殊な文化圏を形成しつつあった。そのなかにはグレイトフル・デッド以外にも、ジャニス・ジョプリンを擁するビッグ・ブラザー&ホールディング・カンパニー、ジム・モリソンを擁するドアーズなどが名を揚げ始めていた。しかし意外にも新たなこのアンダーグラウンド文化と彼らの動きをビートルズ、とりわけジョン・レノンはすでに掴んでいて、1965年の時点ですでにLSDに大きな興味を示していた。実際にジョンとジョージがLSDによるサイケデリック体験をしたのは1965年夏のことで、ロンドンの歯医者、ジョン・ライリーから入手したとされる。このライリー氏がのちに『Revolver』に収録される「Dr. Robert」のモデルとなったと言われている。

LSD体験は、ジョンに強烈なインパクトを与え、それ以降ジョンの音楽性は大きく変貌を遂げることになる。この体験は、『Revolver』を生み出す大きな原動力となっていく。

2 ビートルズのサイケデリック・サウンド

『Revolver』でのビートルズの大きな変貌

1965年末にリリースされたアルバム『Rubber Soul』は、ビートルズが変わりつつあることを我々に感じさせたが、1966年の次作『Revolver』にいたって、ビートルズは一挙に変貌を遂げた。そのギターは深く歪み、ドラムスとベースはコンプレッサーによって従来以上に太くタイトなビートを刻み、テープ・エフェクト、ブラス・セクション、ストリングスなど、当時の技術ではステージでの再演が不可能なサウンド・メイクが施されていた。さらにその歌詞は、これまでの単純な恋愛を題材にしたものが姿を消し、「Taxman」のように体制を揶揄《やゆ》したもの、「She Said She Said」「And Your Bird Can Sing」などのように難解なもの、「Eleanor Rigby」のように物語を紡ぐもの、珠玉のバラード「Here There And Everywhere」、童謡風の「Yellow Submarine」、ブラスを大胆に採り入れた「Got To Get You Into My Life」等々、いままで以上に多種多彩な内容となっていた。歌詞やサウンドの大きな変化は、特にこの時期にＬＳＤを体験していたジョンとジョージに顕著に現れていた。

ＬＳＤ体験がもたらしたジョンの楽曲の変化

ジョージは、ドラッグ体験のもたらす陶酔感・高揚感とインドの瞑想との間に共通した感覚を感じ取ったことで、ロックにインド音楽の要素を採り入れ、ラーガ・ロックと呼ばれる新しい分野を開拓した。これによりサイケデリックの要素の一つに、インド音楽は不可分な要素の一つとなっていく。

一方、ジョンの楽曲の変貌振りが最も顕著だった。「Rain」や「She Said She Said」などにみられるように、ディストーションの掛かったギターが奏でるミディアム・スローなテンポに、引きずるようなボーカル・スタイルという独特な世界観を見せ始めた。これはやがて、「Strawberry Fields Forever」「I Am The Walrus」といったジョンの代表的な楽曲へと連なる流れだが、うねるようなそのサウンドは、のちにグランジを通じてブリット・ポップと呼ばれたオアシスにまで引き継がれることになる。

特にジョンの場合は作曲法が際立っていた。彼は、基本的にはコードから作るタイプなのだが、そのコード進行がおよそ常識では考えつかない斬新なものへと進化し始めていた。曲の中途での転調はもちろん、8ビートにこだわることなく変拍子も日常的に採り入れられるようになっていた。しかし、そんなイレギュラーなコード進行でさえ、不自然さを感じさせずにメロディが流れているのは驚くべきことだ。これこそジョンの天才性を表していると言えよう。

ジョン自身は、意図してこうした作品を作っていた訳では決してなかっただろう。彼のなかのインスピレーションをそのまま具象化しただけのことだった。サイケデリック体験の影響下に書かれたこれらの曲は、ジョンのなかの抑制を一切取り払った結果出来上がったものだったのだ。

『Revolver』でのポールの充実振り

ではこの時期、ポールはどうだったのか。彼の場合『Revolver』のレコーディング時には、まだLSDを体験していなかった。しかしそれでも、ジョンの作るイレギュラーな楽曲に対して、ベーシストという立場で最終的にアレンジを仕切ることになるポールは、変拍子やコードを直すこともせず、ジョンの作品をそのまま受け止め、最終的にビートルズの楽曲として見事に仕上げる役割を担っている。ジョンの天才的な音楽の最大の理解者はポールだったと言えるかもしれない。

その一方でポール自身も尋常ならざる充実振りをみせている。「Yesterday」以降、自信を付けたためと思われるが、『Revolver』でのポールの楽曲は、メロディもアレンジもそのすべてが素晴しい。「Eleanor Rigby」「Here There And Everywhere」「Good Day Sunshine」「For No One」「Got To Get You Into My Life」、加えて「Yellow Submarine」まで、非の打ち所がない作品揃いだ。さらには「Taxman」のリード・ギターまで引き受ける充実振りである。その「Taxman」のリード・ギターのフレーズは、サイケデリックを象徴するインドのシタール風のテクニックを使っている。解放の4弦（Dの音）を上手くドローン音として使用するテクニックである。当時まだアシッドによるサイケデリック体験をしていなかったポールだが、そのサウンド表現方法の一つとしてサイケデリックを理解していた証と言えよう。

こうしてジョンとジョージのサイケデリック・サウンドを、ポール独特のポップ感覚で包んだビートルズ独特のサイケデリック・アルバムが完成した。『Rubber Soul』において特に歌詞の面で大きな改革がおこなわれたビートルズ・サウンドは、『Revolver』において一応の完成をみる。しかし、このサウンドはそのまま『SGT. Pepper's Lonely Hearts

Club Band』に引き継がれ、さらなる高みに昇ることになる。

3 SGT. Pepper の時代――ビートルズの絶頂期の到来

1950年代から1960年代初頭にかけて、アメリカ経済の堅調さの影響下、世界的な好景気が到来し、それが中産階級層の増大をもたらしたが、反面生活様式の画一化が促進されていった。そんななかで育ったベビーブーマーの一部は、その画一的なライフスタイルを嫌い、体制への反抗姿勢を行動に移し始めていた。それらのムーヴメントの根底にあったのは、ベトナム戦争の泥沼化への危機感だった。

1963年、ケネディ大統領時代にベトナムに介入したアメリカは、1965年ジョンソン大統領時代に本格的に軍事介入したが、戦争の長期化による膨大な戦費がアメリカに赤字財政をもたらし、インフレがアメリカの経済環境を悪化させていた。さらにメディアが、この悲惨な戦争の様子を家庭に放送したことで、アメリカ国内でのベトナム戦争反対運動が巻き起こり、多くの若者が徴兵を拒否してアメリカから出国し、カナダ、メキシコ、スウェーデンなどへ逃亡し始めた。同時に、アメリカ国内を逃げ回った若者も多かった。こうした社会不安を背景に、ヒッピーと呼ばれるベビーブーマーの若者たちが急増していった。

ヒッピーたちはサンフランシスコを拠点として、アメリカン・ドリームに疑問をもち、社会からドロップアウトすることで結束した。その思想の根本にあったのは、ビート・ジェネレーションから受け継いだ「ラヴ&ピース」を合い言葉としてドラッグとフリーセックスを容認した平和主義であった。やがてヒッピーのムーヴメントは、人種差別問題、女性蔑視問題、ゲイ問題まで包括した大きな潮流として、アメリカはおろか、ヨーロッパや日本にまで広がっていく。彼らの多くが花柄の衣装を好んで身に付けていたことから、そのムーヴメントはフラワー・パワーとも呼ばれた。そして彼らがそのカウンター・カルチャーの共通言語としたのがロック・ミュージックであった。

このムーヴメントが最高潮となった1967年、ヒッピーたちによる反体制文化の象徴として君臨していたのが、ビートルズの『SGT. Pepper's Lonely Hearts Club Band』だったのだ。

イギリスのカウンター・カルチャー？　スウィンギング・シックスティーズ

一方イギリスに目を転じると、アメリカとは異なるカウンター・カルチャーが花開いていた。その芽生えはアメリカよりも早く、1950年代から始まっている。最も早い時期に訪れた文化的革新は、ファッション界、ポップアート界においてであった。

1956年にロンドンで開催された「This Is Tomorrow」展が、イギリスのポップアートの出発点となっている。またのちにミニスカートで一世を風靡することになるマリー・クワントは、1955年にロンドン、チェルシーに「バザール」を開店していた。

1950年代末のチェルシーは、芸術好きの金持ちや、ボヘミアンと呼ばれた貧乏芸術家たちが集まる街だったとも言われる。このボヘミアンという言葉の意味合いはのちのヒッピーに近く、やがてチェルシーのキングズロード周辺に、こうしたエキセントリックな芸術家たちが集まり始めた。彼らがやがて、「スウィンギング・ロンドン（スウィンギング・シックスティーズ）」を形成していくことになる。

彼らが最も輝きを放つのが、1963年～1968年頃にかけてであるが、その時期の最も特徴的な事象は、ティーンエイジャーの人口が、イギリス史上最大とも言える、全人口の90％を超える440万人近くまで膨れ上がったという事実である。これはすなわち、「スウィンギング・シックスティーズ」を支えていたのが、ティーンエイジャーの貪欲な消費意欲にあったことを意味している。

アメリカのヒッピー文化が、1950年代の画一的なアメリカン・ライフスタイルからの脱却を目的とした対抗文化であったのに対し、イギリスの場合は、従来までの権威的・階級的伝統にもとづく価値観を否定した文化であったことが、やや趣きを異にしている。この新しい考え方とティーンエイジャーの購買力とが結びついたところに1960年代のイギリスのポップ・カルチャーがあった。彼らティーンエイジャーのライフスタイルは、自己のアイデンティティ形成のための散財を惜しまないものだった。レコード、映画などのエンターテインメント、さらには服、靴などへの支出が主であったのだ。すなわち彼らのファッションや趣味への支出がスウィンギング・シックスティーズの文化を支えていたのである。

その意味では、ビートルズがこのカウンター・カルチャーの中核となるのは必然であった。1964年末までには、ビートルズもこのスウィンギング・ロンドンの仲間入りをし、やがてそれを契機にポップ・ミュージック業界のアーティストたちも、スウィンギング・シックスティーズを形成する重要なメンバーとなっていく。

さらに1960年代後半になると、ロンドンにもアメリカのヒッピー文化が導入され、ファッションでもその影響がみられるが、サイケデリックを具象化したそのデザインからもわかる通り、ドラッグが大きな要素として介在するようになっていた。そのカルチャーのメンバーのなかでは、ドラッグが重要な絆の一つとなっていたのだ。

このロンドンのキングズロードから発信される文化が、ビートルズやその他のグループによるポップ・ミュージック、あるいはニュー・ファッションなどを通じてイギリスの若者に蔓延し始めるのに、たいして時間は掛からなかった。こうして1967～68年にはスウィンギング・シックスティーズと呼ばれるイギリスのカウンター・カルチャーは、その最盛期を迎えた。この時期の生き生きとした文化の真っただなかで『SGT. Pepper's』が制作されたのだ。

『SGT. Pepper's』前夜

1966年8月29日、サンフランシスコのキャンドルスティック・パークでおこなわれたコンサートをもって、ビートルズのライヴ活動は終焉を迎えた。これ以後、ビートルズはレコーディング・アーティストとして存続することになる。これは、ある意味でポピュラー・ミュージック史上でも、大きな出来事である。何が大事件であったかというと、ビートルズがコンサートをやめたこと自体ではなく、アーティストが興行活動をやめても収入が確保できるほどに、レコード・マーケットが巨大化したことを意味するからだ。1950年代では考えられなかったことだ。

ビートルズはコンサート活動をやめたことにより、それぞれの余暇が増えたことでロンドンの新しいカルチャーにかかわる文化人たちと個々に会う機会も増えて、日々新しい刺激を受けていった。さらに、当然ながらレコーディングに費やす時間も自由に確保できるようになった。ビートルズの場合は、EMIの稼ぎ頭であったことも手伝い、レコード会社側への発言力も格段に強まり、これまでの慣例になかった夜通しのレコーディング・セッションも可能となっている。これは従来のレコードとアーティストの関係性が逆転したことを物語っていた。かつてレコード会社の意向は、アーティストにとって絶対的なものであったのだが、ビートルズがこうした前例をことごとく覆したことにより、アーティストの権利は飛躍的に拡大していくことになる。

レコーディング・スタジオが唯一グループとして活動できる場となったことで、ビートルズは時間の許すかぎりさまざまな実験をスタジオでおこなっている。たとえば、ジョンの名曲「Strawberry Fields Forever」では、前半と後半でキーもスピードも違う2つのテイクを合わせて1曲に仕上げたこと、ダブルトラックでのボーカルの録音を嫌ったジョンのためにフランジャーが発明されたこと、さらには「Being For The Benefit Of Mr. Kite」や「SGT. Pepper's / Reprise」で聴けるような、さまざまな効果音を録音したテープを細切れにして無作為に、あるいは作為的に繋げたテープ・コラージュを使用することで従来にない臨場感・高揚感を表現すること等々、さまざまな試みがシンセサイザーもデジタル技術もない時代に完成していたのである。

もちろんビートルズだけの手柄ではなく、ビートルズを取り巻く、ジョージ・マーティンをはじめとする技術者たちの努力と天才的な発想の賜物であり、ビートルズのプロジェクト・チーム内には、4トラックのアナログ・レコーダーという機材的なハンディキャップさえ物ともしない、世界最高のものを創り出しているという、自信と自負心が満ち溢れていたのだ。その輝きがそのままこのアルバム『SGT. Pepper's』に凝縮されている。

この時期のビートルズの目の前には、恐れるものは何も存在していなかったかのようだった。それこそが時代の最先端を走る者の勢いだったのだ。

『SGT. Pepper's』の真価

１９６７年６月、ビートルズの新譜アルバム『SGT. Pepper's Lonely Hearts Club Band』がリリースされた。

しかし発表された当時、このアルバムへの評価は、当然ながら絶賛ばかりではなかった。

従来のビートルズのレベルに達しない楽曲を集めてポップに飾ったアルバム、などという辛辣なものもあった。

実際、ビートルズのオリジナル・アルバム中、この『SGT. Pepper's』ほど評価の難しい作品はないだろう。楽曲個々のクォリティからみれば『Revolver』の方が高く、アルバムとしての完成度で言えば『Abbey Road』に一歩譲る。

しかしそれらをはるかに超えた時代を象徴する作品としての存在感が、桁違いに大きかった。あえて言えば１９６０年代のロックを象徴するアルバムこそが『SGT. Pepper's』なのである。そう成りえたのは何故か。それがこの項での命題である。

ロックンロール・バンドとしてデビューしたビートルズが、１９６０年代を通じて最大の音楽的な功労者であったことは、これまで本書にて述べてきた通りだ。音楽的なというのは、ポピュラー・ミュージックの質的な発展に加えて、量的にもビジネス・フィールドを桁違いの大きさにまで拡張したということまで含めたすべてにおいてである。しかしそれ以上に、ロックを文化と一体化させたという意味で『SGT. Pepper's』が重要な意味をもってくる。すなわち、このアルバムこそ、ドラッグ・カルチャーをも内包するサイケデリック文化を象徴するものであり、ロックンロールから始まったロックのとてつもなく大きな可能性を示唆するものであったからだ。

音楽的な表現方法としても、従来アルバムの限界と考えられていた事柄をも取り払っている。ポップ作品をアートとして昇華させたのもこのアルバムからと言えよう。

ポップ作品として画期的だったのは、まず曲間のスペースをなくしたこと。これは、仮のコンサートの模様を、開演からアンコールまで1枚のアルバムに収めるというアイデアの下で制作がおこなわれたための措置であったが、これにより、アルバム全体の一体感が格段に増している。ビートルズは、ここで史上初めてトータル・アルバムという発想をポップ・ミュージックに持ち込んでいるのだ。『SGT. Pepper's』がトータル・アルバムかどうかという議論が以前より出ているが、アルバム丸ごとの完成図をもって仕上げた作品はそれまでなかった訳であり、それ以後の作品でよりトータル性を強めたものがあったとしても、この発想を初めて世に送り出したという点において『SGT. Pepper's』の重要性が損なわれるものではない。

『SGT. Pepper's』の成功によって、アルバムの可能性に気づいたレコード各社は、これを境にアルバムの制作に力点を置き始める。実際にイギリスにおいては、シングル盤とLPの売上枚数がほぼ拮抗するようになり、さらにアメリカにおいても1969年には売上ベースで全レコード売上のほぼ90%をLPが占めるという結果をもたらした。ビートルズは、ミュージック・ビジネスの産業構造をも変えてしまったのである。

『SGT. Pepper's』の特異性

このアルバムがリリースされた1967年は、「サマー・オブ・ラヴ」という言葉で表される通り、ヒッピー文化の最盛期であった。この文化は、当時のカウンター・カルチャーの象徴的な存在であり、本来ビートルズの所属するポピュラー文化とは、異次元のものであるはずだった。

しかし、文化としてのポピュラー・ミュージックを支持する最大の顧客がベビーブーマーであるのと同時に、カウンター・カルチャーの担い手もベビーブーマーであるという、一見矛盾した事実が『SGT. Pepper's』を特異な存在にした。

このアルバムは資本主義の法則からみても非常に特異な存在である。本来ポピュラー・ミュージックは市場原理に則ったものであるはずで、その意味ではこのアルバムは、典型的な体制側の産物であった。しかし、この作品は明らかにドラッグの影響を強く受けたものであり、サイケデリック・ムーヴメントそのものを表現したものであることから、反体制文化の影響下に作られた作品でもあった。実はロックの長い歴史のなかで、この矛盾が共存したのは、わずかにこの時期だけであった。のちのパンク・ムーヴメントも、実際にはマルコム・マクラーレンという一人の男によって、周到に練り上げられたムーヴメントであり、いわば市場原理そのものであったのだ。ビートルズ解散後、ロックは本格的に体制側のミュージック・ビジネスに組み込まれていくことになる。

『SGT. Pepper's』が反体制の象徴となりえたのも、ロック文化がまだ未成熟であった1967年のこの時期であったからこそであり、この特異性がこのアルバムをロック史上、特別な存在にしているのだ。

『SGT. Pepper's』が示したロックの可能性

前章において、ジョンとポールの音楽性の差異がビートルズの音楽性の広さを生み出していたと述べた。そして、この『SGT. Pepper's』では、これまで以上に広い音楽性をみせた。このアルバムに織り込まれた彼らの音楽性が、のちのロックに大きな指針を与えていた。と言うのも、これを境にしてロックは、さまざまな分野に細分化されていくことになるのだ。

このアルバムはさまざまな方向性を見せ始めていた。「SGT. Pepper's Lonely Hearts Club Band」はヘヴィー・ロックへの道、「Being For The Benefit Of Mr. Kite」や「A Day In The Life」などがプログレッシヴ・ロックへの道筋を示し、「Within You Without You」ではサイケデリック音楽の一つの到達点を提示した。また、『Revolver』の「Got To Get You Into My Life」に続いて大胆にブラスを導入した「Good Morning Good Morning」では、のちのシカゴやブラッド・スウェット&ティアーズなどのブラス・ロックに先鞭をつけ、「She's Leaving Home」ではクラシック音楽とロックの融合を試みている。「When I'm Sixty-Four」では古き良きアメリカへの郷愁も忘れていない。

こうしてビートルズは、さまざまなジャンルとの融合やまったく新しいジャンルの開発を、このアルバムを通じて示し、ロックの揚々たる可能性を後進たちに示してみせたのだ。

しかし実際のところ、ビートルズ以外の他の誰かが『SGT. Pepper's』と同様な手段でアルバムを作ったとしても、これだけ多彩なジャンルにまで大風呂敷を広げることは不可能だったことだろう。ただの、とっ散らかった作品になっただけだったはずだ。したがってこののちのアーティストたちは、ビートルズの流儀のように多ジャンルを追求するのではなく、それぞれが得意とする、ある特定のジャンルを追求することになり、ロックがさまざまなジャンルに分化していくことになる。

すなわちこの『SGT. Pepper's』という作品は、時代の最先端であったサイケデリック文化、ヒッピー文化、言い替えればカウンター・カルチャーを象徴しながらも、ロックンロールからビートルズ自身が発展させてきたロックという文化の行く道を提示した道しるべでもあったのだ。ロック史上、この位置に立つアルバムは、この作品をおいて他にない。

グループとしてのビートルズの絶頂期の到来

これまで述べてきた通り、『SGT. Pepper's』はこの特殊な時代性というバック・グラウンドを理解しなければ、正当な評価はできないものであった。この作品がどれだけ大きな評価を得たかは、そのチャートでの成績が物語っている。イギリスのアルバム・チャートでは何と21週間も第1位を守り続け、アメリカのアルバム・チャートでは15週間1位をキープした後、85週間も100位圏内に留まり続けている。

重要なポイントは、あれだけビートルズのアルバムを切り刻んでリリースしていたキャピトル・レコードでさえ、『SGT. Pepper's』からは、彼らの意図に従って、初めてイギリスのアルバムと同じ内容でリリースをした点だ。先述のとおり、ビートルズの勢いは、あの大キャピトルまで屈服させたのである。

１９６７年6月25日、ビートルズは全世界に向けて新曲のレコーディング風景を衛星中継で披露した。「All You Need Is Love」が世界を駆け巡った。まさにフラワー・パワーの代名詞である「サマー・オブ・ラヴ」を表現した楽曲であり、ビートルズが新しい文化の代弁者であることを高らかに宣言した曲であった。グループとしてのビートルズが、頂点を極めた瞬間でもあった。

4章　ビートルズの解散

１９６８年は世界中で大きな変革の嵐が吹き荒れた転換点となった。政治、経済、文化、それらすべての分野で大きな枠組みの変動が起こっている。もちろんポピュラー・ミュージック界においても同様である。そしてビートルズにおいても、この１９６８年が大きなターニング・ポイントとなっていた。これ以降ビートルズは解散に向けてひた走ることになる。

1　1968年の世界情勢の大きな変動

1968年、アメリカをはじめとした資本主義の主要な国々、さらには中国などの社会主義国家にさえも、同時多発的に大きな革命的な変動が起きている。この社会の変革期にあって、大衆音楽の一つであるロックも影響を受けないはずがなかった。社会的変動がロックにどのような影響を与え、それがビートルズをどう変えていったのか、この項ではそれを検証してみたい。

1 アメリカの凋落のはじまり

ベトナム戦争報道による反戦運動の活発化

1968年元日、ローマ法王の仲介による停戦で、アメリカ、北ベトナム両軍ともに穏やかな旧正月を迎えた。しかし翌1月2日、北ベトナム側は米軍歩兵基地を奇襲し、米軍側は大きな損害を被った。そして、ベトナムの旧正月にあたる同年1月30日、再び一時停戦がおこなわれるはずであったが、この日も北ベトナム軍はその協定を無視して、本格的な南侵攻を始めた。北ベトナムによる南の7都市への2日間にわたる総攻撃により、不意打ちを食らった米軍・南ベトナム軍はさらに大損害を被り、主都サイゴンの安全を確保するのにも3週間を要し、各地を奪還するために数ヶ月を要した。

米軍は3000人の死者を出したが、北側が3万人以上の死者を出したことで、アメリカ政府は決して敗戦を認めることがなかった。しかし、この戦いの模様がテレビ中継されたことにより、アメリカ国民が大きな衝撃を受けていたのだ。これにより、米国民の世論が一変することになる。

1967年にもアメリカ各地で散発的に発生していたベトナム戦争に対する反戦運動が、このテレビ放送により全土でにわかに活発化し始めた。当時の大統領ジョンソンは、この年末に大統領選挙を控えていたが、これにより大きなダメージを受け、結局再出馬を諦めることになる。

やがて反戦運動の激化が一つの引き金となり、もう一つの大きな問題が表面化し始めることになる。黒人の公民権運動であった。

キング牧師の暗殺とロバート・ケネディ

この時期、ベトナムで費やされる膨大な国費が、アメリカの財政に大きな負担となっていた。その国費を黒人の国民のために使うべきだと主張し、黒人の地位を向上させることで暴動を抑えようとしていたのがキング牧師であった。

バプティスト教会の牧師マーティン・ルーサー・キングJr.は、1963年に世に問いかけた有名な「私には夢がある」という演説と、ケネディ大統領が議会に提出した公民権法

モンゴメリへ向かって行進するキング牧師
（1963 年 4 月、Black Star ／時事通信フォト）

の成立が名を揚げる一つの契機となった。一方で、権利の獲得に目覚めた黒人たちの一部が、ブラック・パンサーと名乗って過激化し始めた。その運動を扇動したのはマルコムXで、白人との武力闘争を主張していたが、その過激さゆえに1965年に暗殺されるにいたった。

キング牧師は、当初体制側に立ちつつ黒人の権利を主張し続けたのだが、1968年を境にして、ベトナムへの反戦姿勢を鮮明にしたことで、当時の大統領ジョンソン政権とは距離を置くようになっていた。が、同時に過激化する黒人の運動を抑える楯の役割も担っていたのだ。しかしそのキング牧師が1968年3月、強盗などの常習犯だった白人に暗殺されるに及び、黒人の暴動が全国に飛び火した。

それをわずかながら抑える役割を担うことになるのが、故ジョン・F・ケネディ大統領の弟であり、そしてジョンソンに継ぐ次期大統領の有力候補でもあったロバート・ケネディだった。

ロバート・ケネディは、兄のジョン・F・ケネディの政権で司法長官の座にあった時期に、軽微な罪状で不当に投獄されていたキングを当局に働きかけて釈放した経緯もあり、キングとの繋がりは浅からぬものがあった。

暴動を恐れてキング牧師の遺体を彼の自宅に運ぶことさえ困難であったときに、ロバートがすべてを手配して移送したと伝えられる。こうした経緯もあり、ロバート・ケネディは黒人からの支持をも集めるようになった。

ここで知っておくべきなのは、1960年代に巻き起こった黒人解放運動の切っ掛けの一端は、ビートルズにあったということだ。すなわち1964年の初渡米の際に、彼らはインタビューで尊敬するアーティストを聞かれて黒人の名を答えている。この時期、白人と黒人には歴然とした差別があった。ヒット・チャートでさえR&B部門という、黒人専用のチャートまでもが存在した。しかし海を越えたリヴァプールにいたビートルズは、そんなことはお構いなしだった。ただ、いい曲を探していただけかもしれない。いずれにせよ影響力のあるビートルズが、そう発言したことがこの運動に繋がったと言えよう。

ロバート・ケネディの暗殺

大統領選への出馬宣言が遅れ、準備も整わないままであったロバート・ケネディ陣営だったが、リベラルの最後の砦として若い白人層から黒人の票までも集められる目算が立ち始めると、保守勢力のなかから兄のジョン・F・ケネディのときと同様にまた不穏な動きが出始めることは目にみえていた。

やがてその恐れが現実化する。1968年6月5日、選挙運動中のロバート・ケネディが中東出身の男の放った銃弾に倒れ、翌6日その生涯を閉じた。犯人の背後関係について、司法長官時代に厳しく取り締まったマフィアの復讐説や、軍部や軍需産業・CIA陰謀説などがささやかれたが、兄のジョンの時と同様に、犯人の背後関係は闇に閉ざされたままだった。

ロバートの死に続いて、ベトナム戦争に対して反戦の意思を表明していたマッカーシーも同年8月の民主党大会でハンフリーに敗北し、リベラル反戦派が選ぶべき大統領候補は姿を消したのである。アメリカのリベラリズムはここに一気に後退し、保守派が勢力を盛り返していった。

社会運動を左右し始めたベビーブーマー

こうした社会情勢を左右する市民運動が表面化し始めたアメリカだが、その原動力となったのが、ベビーブーマーだった。ベビーブーマーとは第二次大戦後のベビーブームに産まれた人たちのことだが、彼らの一部がすでに20歳を過ぎ、市民権を持ち始めると、体制側と距離を置くことが多くなった。その理由の一つがベトナム戦争の存在だ。そこがアメリカの場合とヨーロッパの場合とで大きく異なる。アメリカとヨーロッパのこの違いについて検証してみたい。

2 世界中で巻き起こる1968年革命

世界的な学生運動の起点

1968年はまた、学生運動が全世界的な規模で同時多発的に発生した年でもあった。その主役となったのも第二次大戦後のベビーブームに誕生した若者、ベビーブーマーたちであったことは言うまでもない。

1964年、カリフォルニア大学バークレー校で始まった反戦運動がアメリカの学生運動の発端となり、やがてアメリカ全土へと波及していく。そのなかでも、1968年4月コロンビア大学のキャンパスが学生によって占拠された事件は、世界的にも大きくメディアに取り扱われ、やがて同年5月フランスの「五月闘争」、6月東京大学安田講堂占拠などへ飛び火していった。

アメリカが抱えていた社会問題

1968年、アメリカが内包していた社会問題が、大きな民衆運動となって一挙に表面化していった。ベトナム反戦運動、黒人などマイノリティーの公民権運動、さらには当時「ウーマンリブ」と呼ばれた女性解放運動まで加わり、アメリカ社会は多方面に混沌とした状況を生じさせ始めたのだ。

こうした運動の激化は、従来までのベビーブーマーたちの価値観を根底から覆していくことになる。1967年までは、ヒッピー文化の影響によりドラッグ、フリーセックスなど享楽的な逃避方向へ向かっていたベビーブーマーの意識は、大きく転換していった。その分岐点が1968年だったのだ。この空気感の変貌は、音楽をも含むアメリカのポップ・カルチャーにも大きく影響を与えていくことになる。

[3] ヨーロッパ各国への拡散

アメリカにおいてベビーブーマーたちがもたらしたカウンター・カルチャーは、ロック・ミュージックを通してヨーロッパ各国へと、当初はファッションの一環として伝播されていった。ここで重要なポイントは、やがてその後には必ず思想の伝播という事柄が引き続いていたという事実である。すなわち、ロックという媒体が思想性を持ち始めたのである。この時点より、ロックは一挙に姿形を変え始める。

アメリカの場合とヨーロッパの場合では状況が異なると先に述べたが、それはベトナム戦争の有無のことである。当時のアメリカの若者たちは、大人の喧嘩の割を食った感覚を味わっていたことだろう。20歳を超え、市民権をもったベビーブーマーたちは、新兵として戦場に送られる可能性が高い訳であり、なかには徴兵を拒否してカナダへ逃亡する者も出始めた。ヨーロッパになかったこのリスクの差は大きく、ポピュラー・ミュージックにも影響を与えている。

すなわちハードロックやシンガーソングライターなどシリアスな方向に向かったアメリカのポピュラー・ミュージックに対し、より享楽的なヨーロッパではよりポップなグラム・ロックの流行する余地があった。

2　1968年以降のビートルズの動向

1968年、この年ビートルズが何をしていたかと言うと、その前年、ロック史上に燦《さん》然と輝く金字塔アルバム『SGT. Pepper's Lonely Hearts Club Band』を作り上げている。そこでビートルズの歴史は一段落している。もちろんこの後もアーティスト自身によるインディーズ・レーベル、アップルを立ち上げるなど注目すべきことはあるのだが、当のジョンとポールの結合が解消に向かって突き進んでいたのだ。

1968年のビートルズの活動としては、アップルの設立、「Hey Jude」の大ヒット、いわゆる「ホワイト・アルバム」の制作などが挙げられる。

2枚組の大作（何故か1968年はLP2枚組名作アルバムの多い年であった。たとえばクリーム『Wheels of Fire』、シカゴ『Chicago Transit Autholity』、ジミ・ヘンドリックス『Electric Lady Land』など）、「ホワイト・アルバム」は近年評価が高いが、リリース当時からそれぞれのソロ作品の集まりだ、という指摘はあった。というのも、この作品からマルチトラック・レコーダーが導入され、一人でもすべてレコーディングが可能となり、メンバー同士が他のメンバーの曲にかかわることが激減したのである。

ジョンの心情

この時期以降、ジョンは反体制の政治的活動に力を注ぎ始める。もともと興味をもっていたことだが、小野洋子と出会ってからより力が入った。また自身の曲をプラスティック・オノ・バンドの名義でリリースするソロ活動も始めた。このあたりのジョンの心情はどうだったのだろう。少々斟酌《しんしゃく》してみたい。

「ビートルズとしての活動は、ポールが仕切り始めている。しかしリーダーは俺だ。ビートルズのシングルのA面はポールの曲が占めている。でもビートルズは俺が作ったバンドだ。ヨーロッパは平穏だ。しかしベトナム戦争に新兵として送り込まれるアメリカの若者は緊張してるだろうな。偉い人間は高見の見物を決め込んでいるんだろうなぁ」と言ったところだろうか。要約すれば、ポールへの嫉妬と体制側への不満である。この状況を解消するため、ジョンはリーダーの威厳をみせようと、アップルのマネージメント役としてアレン・クラインをアメリカからメンバーに無断で連れてきた。ジョージとリンゴはこれを承認したが、真っ向から反対したのが、またしてもポールだった。ポールはその役を妻リンダの父と兄に任せようとしていたのだ。この対立軸が解散へと繋がるものだった。

またジョンは、反体制の政治運動も事あるごとに展開してきた。特にベトナム戦争への反対を表明した「WAR IS OVER」という標語は1970年代初頭まで使われた。しかし1970年代末頃のジョンの言動をみてみると、この時期のジョンは、多少なりともベビーブーマーの言動に押された部分がありそうだ。

ビートルズの解散

１９６７年頃まではベビーブーマーをリードし続けて来たビートルズだが、１９６８年以降はベビーブーマーに引っ張られた感がある。１９６８年以降、ビートルズとしてのネームバリューだけで動いていたかもしれない。最後の最後に「もう終わり」とばかりに残された神通力を発揮して『Abbey Road』というモンスターアルバムを作ったけれど、彼らの神通力の根源であるジョンとポールの結合は、もはやありえなかった。

１９７０年、ビートルズは法的に解散する。ベビーブーマーをリードし続けたあのビートルズはそこにはもういなかった。ジョンとポールの有機的な繋がりの切れた１９６８年に、ビートルズはその役割を終えていたのだ。

あとがき

ビートルズが解散して10年後、ジョン・レノンがファンに撃たれて死んだ。そのだいぶ前にジョンとポールは和解している。ジョンが死ぬ前に残していた言葉は、含蓄のあるものだった。それは「俺が人生で選択したのは、ヨーコとポールだけだ。そしてその選択は、間違っていなかった」というものだ。確かにジョージを連れてきたのはポールだったし、リンゴを選んだのはジョージだった。しかしその言葉の意味しているのは、ビートルズの本質がジョンとポールの結合にあったと、ジョン自身が理解していたということだ。そうであるならばふたたびジョンはポールと組む可能性を有していたことになる。彼の死はある意味では非常に彼らしいのだが、非常に残念でもある。この言葉を聞いたポールは、どれほど誇らしく思ったことだろう。

これ以後、ビートルズのようなバンドがふたたび現れることはないだろう。何故ならば彼らがロックの創始者だったからだ。この書ではそれを説明してきたつもりだ。しかし同時に奇跡的な事項が加味されていた。一つはターゲットとしてベビーブーマーという存在があったこと、さらにシングルレコードが普及したこと、そしてポータブル・レコード・プレーヤーが開発されたこと、エレクトリック・ギターとベースが発明されたこと、そして他に強力な対抗バンドやアーティストがいなかったことなどなど……これらの奇跡が一度に起こっているのだ。こんなことがふたたび起こることなど、もうありえないだろう。

しかしどれほどに奇跡的出来事が重なっていようと、やはりそれを掴み取る力量や才能がなければならない。ビートルズの場合、飛び抜けた才能があったということだろう。確かにギター・プレーヤーとして彼らを上回る者は数多くいるはずだ。しかしながらレコーディング・アーティストとして彼らの才能を上回る者は、そう簡単にいない。これこそビートルズだ。わずか7年ほどのレコーディング・キャリアの内にあれだけの変化、進歩をみせた者がいるだろうか。彼らの残したレコーディング曲には、そのキャリアの最初から驚かされたものだ。「Love Me Do」から「The Long And Winding Road」まで、どの曲も珠玉の一曲だ。

私事になるが、1979年の夏の日、私はジョン・レノンに銀座で出会っている。銀座にある有名楽器店でジョンはヨーコとカセット・テープを選んでいた。みていたのは長唄、小唄などの邦楽曲ばかりだ。結局ジョンはテープを30~40本買い込んで行った。私はその場で固まっていた。しかしいま考えると、それだけジョンが新しい音楽にも目を向けていた証拠だ。だとすればその後、ジョンがどんな音楽を作っていたことか。

ありえないことだが、ふたたびあの4人が集まったなら、いったいどんな曲を我々に聞かせてくれたことだろう。それは一種の郷愁だと人は言うかもしれない。そうかもしれない。だがファンとは、ない物ねだりをするものだ。口に出すくらい良いではないか。だからポールには、今度は彼のコンサートで数えるほどしか歌っていないジョンの曲も歌ってほしい。ジョンの曲を一番深く知っているのは、ポールのはずだから。

根木 正孝（ねき まさたか）
東京生まれ、東京育ちの江戸っ子。都立小石川高校卒、埼玉大学経済学部卒。本名、山本正孝。大学入学と同時に祖母の山本姓を継ぐ。旧姓は本ペンネームで使用。某有名楽器店勤務後、米国フェンダー社の日本国内でのプロモーション・オフィスに在籍しアーティスト・リレーションを担当。80年代より執筆活動を行い、ビートルズ初CD化のライナーノーツを放送作家の故・猪俣憲司と共に担当した。『jazz Life』『FM fan』等にて記事を多数執筆。音楽活動も行い70年代に「渋谷ジァンジァン」等に出演、CM音楽制作等の他「シェイクスピア・シアター」等の劇団で音楽を担当。ストラストをひたすら愛するギタリストでもある。

ビートルズ原論《げんろん》
—ロックンロールからロックへ

発行日　二〇一七年一月二七日　初版第一刷
著者　根木正孝
発行人　仙道弘生
発行所　株式会社 水曜社
〒160-0022 東京都新宿区新宿一-一四-一二
電話　〇三-三三五一-八七六八
ファックス　〇三-五三六二-七二七九
URL：suiyosha.hondana.jp/
本文DTP　宇津徹郎
印刷　シナノ印刷 株式会社

ISBN 978-4-88065-400-3 C0073